DE LA GARANTIE EN CAS D'ÉVICTION

DANS LA VENTE

EN DROIT ROMAIN ET EN DROIT FRANÇAIS

THÈSE

POUR LE DOCTORAT

PAR

Pierre-Léon CLÉMENT

AVOCAT A LA COUR IMPÉRIALE DE PARIS.

> Hæc est robur et auctoritas venditionis,
> ut re, jure judicioque evicta emptori,
> emptor habeat regressum ad auctorem, id
> est venditorem.
>
> (Cujas.)

PARIS

IMPRIMÉ CHEZ BONAVENTURE ET DUCESSOIS,

55, QUAI DES AUGUSTINS

1857

THÈSE

POUR LE DOCTORAT

> Hæc est robur et auctoritas venditionis,
> ut re jure judicioque evicta emptori,
> emptor habeat regressum ad auctorem, id
> est venditorem.
>
> (*Cujas.*)

A la Mémoire de mon Père

Faculté de Droit de Paris.

DE LA GARANTIE EN CAS D'ÉVICTION

DANS LA VENTE

EN DROIT ROMAIN ET EN DROIT FRANÇAIS

THÈSE

POUR LE DOCTORAT

L'acte public sur les matières ci-après sera soutenu le lundi
3 août 1857, à deux heures

PAR

Pierre-Léon CLÉMENT

NÉ A ORSENNES (INDRE)

Président : M. DE VALROGER, Professeur.

Suffragants : MM. PELLAT,
PERREYVE, } Professeurs.
VUATRIN,
DEMANGEAT, Suppléant.

Le candidat répondra en outre aux questions qui lui seront
faites sur les autres matières de l'enseignement.

PARIS

IMPRIMÉ CHEZ BONAVENTURE ET DUCESSOIS
55, QUAI DES AUGUSTINS.

1857

DROIT ROMAIN

NOTIONS PRÉLIMINAIRES

SUR LA GARANTIE DE L'ÉVICTION EN GÉNÉRAL ET SUR LES ACTIONS
ex empto ET *ex stipulatu duplœ*.

L'expression d'évincer, *evincere*, présente de suite à l'esprit, dès que l'on se reporte à son sens étymologique, l'idée d'une victoire remportée et d'un vainqueur dépouillant le vaincu de l'objet de la querelle. Dans ce sens premier et général elle s'applique, suivant Doneau, à tout avantage arraché par la lutte, même dans un débat purement oratoire : *Quod vi argumentorum ac dicendo ab adversario extorquemus ut concedat, evincere ab illo dicimus.* L'éviction doit donc supposer, en droit, et suppose, en effet, une victoire de la part de celui qui évince, c'est-à-dire une sentence du juge prononcée en sa faveur, seule victoire juridique possible. Mais on ne dit pas de toute personne judiciairement dépouillée qu'elle a été évincée ; ainsi la revendication du propriétaire contre un voleur ou un *prædo* n'est pas une éviction : on ne donne ce nom qu'à la dépossession d'un adversaire ayant un juste titre. C'est ce qu'exprime Voët en définissant ainsi l'éviction : *Rei nostræ, quam adversarius justo titulo adquisivit, per judicem facta recuperatio* [1].

Le juste titre rattache le plus souvent celui qui l'invoque à un auteur qui est ordinairement un garant, contre lequel il peut recourir. C'est ce qui arrive pour le vendeur d'abord : il en est de même du coéchangiste, et de celui qui a fait une *datio in solutum*, en cas d'éviction de la chose donnée en échange [2] ou en payement [3]. Il faut en dire autant des cohéritiers et des communistes : ils sont réciproquement garants de l'éviction survenue après le partage, au préjudice de l'un d'eux [4].

Le mari peut aussi exercer un recours, s'il est évincé de la chose donnée en dot, quand la dot a été constituée au moyen de la *dictio dotis*, ou de la stipulation ; au contraire s'il y a eu simplement *datio dotis* sans promesse antécédente, le recours ne lui est pas ouvert, à moins pourtant que la chose ne lui ait été donnée avec estimation, car cette estimation vaut vente et il peut dès lors agir *ex empto* [5].

---

[1] Voët, *ad Pandect., de Evict.,* n. 1.

[2] L. 1, Code, *de Rer. perm.*

[3] L. 46, *de Solut.*

[4] L. 25, § 1, *Fam. ercisc.*—L. 14, Code, *eod. tit.*—L. 7, Code, *Comm. utr. jud.*

[5] L. 34, 1. 69, § 7, *de Jure dotium.*—V. M. Pellat, *Textes sur la dot,* p. 154.

Le légataire d'un corps certain n'a jamais droit à la garantie [1] ; l'héritier, en livrant la chose léguée telle qu'elle est, se trouve complétement et à tout jamais déchargé, sauf, bien entendu, le cas particulier où la chose d'autrui a été valablement léguée. Il n'en est pas de même dans le legs d'un genre ; la volonté du testateur n'est alors exécutée et l'obligation de l'héritier n'est remplie qu'autant que la chose livrée au légataire lui est irrévocablement acquise ; comme tout autre débiteur il ne peut être libéré qu'à cette seule condition [2], et en conséquence il répond de l'éviction.

Ce que nous venons de dire sur la dot et le legs nous a déjà fait apercevoir, qu'en principe, garantie n'est pas due pour les acquisitions à titre lucratif : cette règle reçoit son application complète dans la donation. Le donateur n'est jamais tenu de l'éviction, à moins qu'il n'ait promis par stipulation d'en garantir le donataire. Il ne suffirait pas qu'il s'y fût engagé par un simple pacte ; et cela est encore vrai même après la constitution de Justinien, qui assimile le pacte de donation à la vente, car il l'assimile à l'effet seulement de donner action au donataire pour obtenir que la chose lui soit livrée [3]. La nécessité de la stipulation subsiste donc toujours ; mais quand elle a eu lieu, l'obligation de garantie, malgré ce qui

---

[1] L. 40, *de Evict.*
[2] L. 20, 1. 69, *de Solut.*
[3] *Institutes, de Donat.*, § 2.—L. 35, § C. *de Donat*. . . . .

pourrait paraître contraire, dans un texte des sentences de Paul [1], est bien valablement contractée et produit son effet [2].

Ces principes sur la garantie en général devaient être sommairement exposés, à cause de l'application que nous avons à en faire en un point de la matière spéciale que nous avons à traiter : nous renverrons à ces principes, quand nous aurons à nous occuper du recours de l'acheteur, dans le cas où ce n'est pas à lui-même, mais à son successeur particulier que la chose est enlevée. Ce recours ne peut en général avoir lieu qu'autant que le successeur évincé peut lui-même agir contre l'acheteur; nous avions donc besoin de savoir quels successeurs ont droit à la garantie.

Les règles concernant le recours qui naît de l'éviction, dans la vente, ne constituent point, en droit romain, un ensemble unique, mais une législation double, marchant au même but par deux voies distinctes. L'acheteur peut attaquer son vendeur par deux actions, qui, le plus souvent, s'ouvrent parallèlement devant lui : l'action *ex empto* et l'action *ex stipulatu duplœ;* toutes deux aussi différentes dans leur origine et leur nature que dans leurs effets.

L'action *ex empto*, c'est l'action qui est donnée à l'acheteur pour obtenir l'exécution par le vendeur de toutes les obligations qu'il a contractées par la vente; voilà son objet général; elle ne reçoit qu'une de ses

---

[1] L. 5, t. XI, § 5.
[2] L. 2, C. de *Evict.*

applications particulières, bien que des plus impor-
tantes, lorsqu'elle est intentée *evictionis nomine*.

L'action *ex stipulatu duplæ* naît de la stipulation
par laquelle le vendeur promet le double à l'acheteur, pour le cas où celui-ci serait évincé. Cela ne
constitue point un droit particulier pour la vente,
en ce sens qu'une pareille stipulation pouvait très-
valablement se trouver unie à tout autre contrat quel.
qu'il soit ; mais en fait elle ne prit jamais dans aucun
autre la place qu'elle occupait dans la vente.

Dans le très-ancien droit romain, le consentement
n'aurait sans doute pas suffi à créer les obligations
du vendeur ; on dut alors tout naturellement recourir à la stipulation. L'acheteur stipulait que la pleine
possession lui serait livrée : *Vacuam possessionem
tradi* [1]. Il stipulait aussi la garantie des vices et cette
stipulation devint plus tard obligatoire : *Animalium
quoque venditor cavere debet ea sana præstari, et qui
jumenta vendit, solet ita promittere esse bibere ut oportet* [2]. Enfin il stipulait surtout qu'il serait garanti de
toute éviction.

Suivant une opinion de Cujas, le vendeur n'était
tenu de l'éviction que dans les ventes qui avaient
lieu par tradition ; il n'en était pas tenu dans celles
qui se faisaient par mancipation. La raison qu'il en
donne, c'est que la mancipation suppose, dans celui
qui la fait, le *dominium ex jure quiritium*, à la diffé-

---

[1] L. 3, § 1, *de Act. empt.*
[2] L. 11, § 4, même titre.

-rence de la tradition, que tout possesseur peut faire; de sorte que l'idée d'éviction aurait paru, pour ainsi dire, incompatible avec la mancipation. Les acheteurs alors, pour échapper au péril de l'éviction, exigeaient non pas seulement une stipulation de la part du vendeur, mais une *satisdatio*, c'est-à-dire l'obligation accessoire de fidejusseurs [1].

Quoi qu'il en soit de cette opinion de Cujas, cette *satisdatio* paraît avoir été fort pratiquée et dans toute sorte de ventes; un texte d'Ulpien semblerait même l'exiger du vendeur [2], mais une autre loi du même jurisconsulte nous dit positivement qu'à la différence de la stipulation, la *satisdatio* n'est obligatoire qu'en vertu de convention spéciale des parties [3]. Paul le dit également : ..... *Non tamen, ut vulgus opinatur, satisdare debet* [4]. Mais nous voyons, par ses expressions mêmes, que la *satisdatio* avait pris une place assez grande dans l'usage, pour être regardée comme obligatoire par le vulgaire.

La coutume générale avait retenu la stipulation d'une manière plus complète : même après que la vente eut reçu son entier développement comme contrat consensuel, elle resta à côté d'elle comme contrat accessoire, et la doctrine la prit à la coutume.

La *stipulatio duplæ* avait un double avantage :

---

[1] Cujas, *Paratitla*, in lib. VIII, Cod. Justin., 44.
[2] L. 11, § 9, *de Act. empt.*
[3] L. 37, pr. *de Evict.*
[4] L. 56, *de Evict.*

d'abord la précision et la solennité de ses formes, en fixant davantage le souvenir, rendaient la preuve plus assurée ; en second lieu et surtout, elle tirait les parties d'une difficulté souvent fort grande, celle de fixer les dommages-intérêts. En déterminant d'avance et invariablement le montant du recours de l'acheteur, elle rendait impossibles les débats qui peuvent s'élever sur l'estimation de la chose évincée, les dépenses faites pour elle, les pertes accessoires ; elle écartait tous ces points, et avec eux les contestations qu'ils peuvent si facilement faire naître.

La garantie produite par la *stipulatio duplœ* était à son origine une simple garantie de fait, résultant de la convention des parties : quand la doctrine s'en fut emparée, elle devint comme une seconde garantie de droit. Cette transformation est due aux principes qui régissent les actions de bonne foi et par conséquent l'action *ex empto*, qui en est une. Dans les actions de bonne foi, il est de règle que l'office du juge peut autant que la stipulation elle-même [1], et que les parties sont obligées à tout ce que comportent les usages et la coutume : *Quœ sunt moris et consuetudinis in bonœ fidei judiciis debent venire* [2]. Il en résulte que, si la *stipulatio duplœ* avait été omise, l'acheteur pouvait agir *ex empto* contre son vendeur, pour obtenir de lui la promesse exigée par l'usage, à moins de convention contraire [3]. Et même si l'éviction avait

[1] L. 7, *de Negot. gest.*
[2] L. 34, § 20, *de Ædil. edict.*
[3] L. 37, *de Evict.*, pr.

eu déjà lieu, il devait encore obtenir, bien qu'en l'absence de toute promesse, la condamnation qui était dans l'usage, c'est-à-dire la condamnation qui lui aurait été accordée s'il y avait eu une stipulation du double [1].

La force de l'usage suppléant ainsi, dans l'action *ex empto*, au silence du contrat, la *stipulatio duplæ* se trouve toujours sous-entendue dans la vente. Aussi Paul met complétement sur la même ligne les ventes contractées avec ou sans promesse accessoire. Dans les deux cas, l'acheteur est tenu de l'éviction dans la même mesure, c'est-à-dire au double [2].

C'était le double en effet qu'on stipulait presque toujours, comme nous le montrent les textes qui, en parlant de la stipulation sur l'éviction, la désignent constamment sous le nom de *stipulatio duplæ*, ou simplement *dupla*. Mais on pouvait aussi stipuler le triple ou le quadruple [3], ou au contraire descendre au simple et même au-dessous ; plus généralement, quelle que soit la somme fixée, supérieure ou inférieure au prix, la convention des parties devait être gardée [4]. Mais comme la stipulation du double était dans l'usage général, la stipulation inférieure, celle du simple, par exemple, devait avoir lieu bien sciemment de la part de l'acheteur ; car s'il ne l'avait faite que par erreur, il pouvait en-

[1] L. 2, *de Evict.*
[2] *Pauli sentent.*, lib. 2, tit. 17.
[3] L. 56, *de Evict.*
[4] L. 74, *de Evict.*

core, par le secours de l'action *ex empto*, obtenir du vendeur une nouvelle stipulation, complément de la première, ou bien, si l'éviction avait déjà eu lieu, le complément du double lui-même[1].

L'obligation de stipuler le double, quoique très-générale, recevait cependant des exceptions.

Ainsi, par une faveur toute particulière au fisc, non-seulement les ventes qu'il faisait n'étaient point astreintes à cette obligation, mais encore le fisc ne pouvait jamais être tenu au delà du simple[2], et les promesses faites en son nom pour une somme supérieure restaient sans effet.

Outre cette exception de faveur, il y en avait deux autres qui étaient, au contraire, très-générales.

La première portait sur la valeur des choses vendues : quand il s'agissait de choses de médiocre importance, on pouvait ne stipuler que le simple[3]; aussi ces ventes sont appelées *simplariæ venditiones*[4]. La stipulation du double n'est exigée que pour les choses précieuses. .... *De his rebus quæ pretiosiores essent; si margarita forte aut ornamenta pretiosa, vel vestis serica, vel quid aliud non contemptibile veneat.* —Nous pouvons regarder tous les fonds comme compris parmi ces choses ; l'Édit des Édiles y comprend aussi tous les esclaves[5].

---

[1] L. 37, § 2, *de Evict.*
[2] L. 5, *de Jure fisci.*
[3] L. 37, § 1, *de Evict.*
[4] L. 48, § 8, *de Ædil. edict.*
[5] L. 37, § 1, *de Evict.*

La seconde exception à l'obligation du double est relative au lieu où la vente a été faite : la *stipulatio duplæ* ne peut pas être exigée dans les lieux où elle n'est pas d'usage ; elle n'est obligatoire qu'en raison de la coutume, et tout naturellement elle cesse de l'être là où la coutume n'existe pas[1].

Quand l'acheteur a droit à l'action *ex stipulatu*, il n'en garde pas moins l'action *ex empto* : il peut souvent choisir entre les deux, et, suivant les circonstances, employer l'une ou l'autre ; mais souvent aussi l'une lui est donnée pour certains faits qui ne permettent pas d'agir par l'autre. Cette différence vient de ce que les deux actions ne sont pas de même nature ; l'action *ex empto* est une action de bonne foi ; l'action *ex stipulatu* est au contraire une action *stricti juris*. Leur comparaison, qui se présente à chaque instant dans notre matière, fait bien voir les deux caractères opposés qui se rencontrent dans le droit romain : d'un côté, l'excessive rigueur de certains principes, renfermés dans des formules étroites, et toute la subtilité d'un génie pénétrant, employé à ne les en laisser sortir que dans les cas marqués ; de l'autre côté, au contraire, l'équité la plus souple, les tempéraments les plus justes, la bonne foi la plus large, appliquant, avec une admirable sagesse, les conseils de la morale la plus belle ! C'est sous cette dernière inspiration que le droit romain avait réglé tout ce qui se rattache à l'action *ex empto* ; elle exi-

---

[1] L. 6, *de Evict.*

geait tant de bonne foi de la part du vendeur, que notre législation n'a pas crû pouvoir suivre, en certains points, la sévérité de quelques décisions romaines[1]. Nous avons déjà vu comment elle prêtait à l'acheteur le moyen de suppléer la stipulation du double, quand elle avait été omise ; nous la verrons encore venir à son secours, quand bien même rigoureusement il ne pourrait pas se dire évincé, et lui accorder, lorsqu'il se trouve dans une situation équivalente, un recours équitable contre son vendeur.

L'action *ex stipulatu*, au contraire, qui est, comme nous l'avons dit, une action *stricti juris*, une *condictio certi*, héritière de l'une des anciennes actions de la loi, ne se prête pas à de pareils tempéraments ; elle exige que les paroles prononcées soient vérifiées à la lettre ; elle est soumise à une condition, l'éviction de la chose vendue, et elle ne fournit aucun recours à l'acheteur, tant que l'éviction n'a pas été réalisée dans le sens le plus précis et le plus étroit du mot.

Les deux actions diffèrent aussi par leur résultat, comme par leur origine et leur nature. L'action *ex stipulatu* a pour objet une quantité certaine ; la condamnation à laquelle elle aboutit est fixe, invariable, déterminée à l'avance ; c'est la somme stipulée, telle qu'elle a été promise le jour de la vente. Au contraire, l'objet de l'action *ex empto* est variable et indéterminé dans son montant ; pour le fixer, on se

____

[1] V. L. 4, l. 11, § 5 ; l. 13, § 3, *de Act. empt.* ; l. 15, § 8, *de Contr. empt.* — V. aussi Pothier, *de la Vente*, nᵒˢ 233 à 239.

place au jour de l'éviction, on apprécie le préjudice souffert et le gain empêché, et la condamnation se plie ainsi à tout ce que peuvent présenter de varié les dommages-intérêts de l'acheteur. Quelquefois le préjudice souffert peut descendre au-dessous du prix : l'acheteur aurait intérêt alors à intenter, au lieu de l'action *ex empto*, l'action *ex stipulatu*, même en vertu de la seule stipulation du simple.

CHAPITRE PREMIER.

De la nature de la Garantie et des modifications qu'elle peut recevoir.

Quand la vente ne contient aucune convention spéciale qui en modifie les effets naturels, on peut dire que toutes les obligations du vendeur viennent se résumer dans cette obligation générale que les jurisconsultes romains exprimaient par ces mots : *Prœstare rem habere licere.* De là découle la nécessité pour le vendeur de remettre la chose à l'acheteur pour qu'il en jouisse, de lui procurer une jouissance qui ne soit pas inutile, et en conséquence de le garantir de certains vices ; enfin de maintenir la chose dans la main de l'acheteur, c'est-à-dire de le garantir de l'éviction. A côté de cette obligation du vendeur si précise et si facile à décomposer, se place un devoir général qui ne porte particulièrement sur rien de distinct, mais qui s'applique à tous les engagements résultant de la vente, qui astreint le vendeur à les remplir d'une certaine manière plutôt qu'il n'en crée de nouveaux contre lui, qui ne domine pas seulement l'exécution de ces engagements, mais toutes les circonstances qui ont préparé, accompagné ou suivi la réalisation de la vente qui les a fait naître ; ce devoir, c'est d'agir avec bonne foi dans toutes ses relations avec l'acheteur, de n'user d'aucune espèce de dol, *præstare dolum malum abesse* ; en conséquence, de ne le tromper par aucun mensonge, de ne l'égarer par aucune parole obscure, enfin de ne le surprendre par aucune réticence, aucune dissimulation calculée, car c'est encore là un dol : *Non tantum in eo est qui, fallendi causâ, obscure loquitur, sed etiam qui insidiose, obscure dissimulat*[1] ; et le vendeur, pour en être exempt, ne doit rien cacher à l'acheteur de ce qu'il importe à ce dernier de savoir, *circà rem ipsam venditam*[2]. C'est pourquoi l'on voit très-fréquemment les jurisconsultes accorder action contre le vendeur *ob dolum ejus* ; et nous aurons nous-même l'occasion de faire plusieurs fois l'application de ce principe.

On peut avoir une chose de deux manières, nous dit le jurisconsulte Paul : *Habere duobus modis dicitur, altero jure dominii, altero obtinere, sine interpellatione, quod quis emerit*[3]. Ce texte nous montre, avec

---

[1] L. 43, § 2, *de Contr. empt.*

[2] L. 11, § 5, 1. 1, § 1, 1. 39, *de Act. empt.*—L. 35, § 8, *de Contr. empt.*, l. 9, *de Pericul. et comm. rei vend.*

[3] L. 188, *de Verb. signif.*

beaucoup d'autres, que cette première, et plus parfaite manière d'avoir une chose et qui consiste à en être propriétaire, dépasse les droits que l'acheteur peut exiger de son vendeur, et qu'il doit se contenter de la seconde. Il ne peut exiger que la propriété lui soit transférée que s'il a joint à la vente une *stipulatio dandi* [1]. Si le vendeur est propriétaire, l'acheteur le devient aussi, bien entendu, et il peut réclamer l'accomplissement des actes de nature à l'investir, comme la tradition, la mancipation, la *cessio in jure*, suivant les cas [2]. Mais si la chose n'appartient pas au vendeur, celui-ci, en la livrant et en maintenant la possession libre à l'acheteur, remplit complétement son obligation *præstare rem habere licere*, et en conséquence il reste à l'abri de toute réclamation, tant qu'il n'y a pas eu éviction : *Quamdiu res evicta non est* [3]. Remarquons toutefois que, si le prix n'a pas été payé, le simple trouble suffit pour donner à l'acheteur, non pas une action, mais du moins une exception pour repousser la demande du prix, à moins encore que le vendeur ne lui offre des fidéjusseurs pour garantir l'éviction, ce qui rendrait le payement inévitable [4].

Cependant il importe souvent à l'acheteur de devenir propriétaire de la chose qu'il achète ; cela est particulièrement vrai s'il a acheté un esclave pour

---

[1] L. 25, § 1, *de Contr. empt.*
[2] *Pauli sent.*, l. 1, tit. 13, § 4.
[3] L. 11, § 1, *D. de Evict.*—L. 3, au Code, *eod. tit.*
[4] L. 18, § 1, *de Peric. et comm. rei vend.*.—L. 24, Code, *de Evict.*

l'affranchir, ou le donner en gage à son créancier. Il n'en sera pas moins privé d'action tant que l'éviction n'aura pas eu lieu, si son vendeur a été de bonne foi; mais si c'est sciemment qu'il lui a vendu l'esclave d'autrui, il a commis un dol en ne l'avertissant pas qu'il n'était pas propriétaire; il peut en conséquence, comme vendeur de mauvaise foi, être immédiatement attaqué *ex empto* sans qu'il soit nécessaire d'attendre qu'il y ait eu éviction, et il sera condamné à tout ce qu'il importait à l'acheteur que la chose fût devenue sienne [1].

On voit que, la tradition une fois faite, le seul événement qui oblige, dans tous les cas, le vendeur, c'est l'éviction; elle seule, en effet, viole directement l'obligation précise du vendeur, *rem habere licere;* aussi il n'y a qu'elle seule qui puisse ouvrir l'action *ex stipulatu*, et qui ouvre, sans distinction de cas, l'action *ex empto*. C'est alors que l'acheteur, se retournant contre son vendeur, vient réclamer la garantie que les textes appellent, d'un vieux mot latin, *auctoritas;* ils disent du vendeur qu'il est *auctor : Auctoritatem præstat, obnoxius est auctoritati.*

Cette garantie qui fait la sécurité du vendeur, cette *auctoritas* qui le protége contre le péril de l'éviction, est un effet naturel de la vente, et un effet si intimement lié au contrat, qu'il est, pour ainsi dire, difficile de l'en détacher. Si la possession transmise à l'a-

----

[1] L. 30, § 1, *de Act. empt.*

cheteur, lui a été juridiquement enlevée, elle doit
être censée ne pas avoir été livrée ; c'est ce que
nous dit le jurisconsulte Pomponius [1]. L'acheteur
dépouillé agit *ex empto*, comme il agirait si la tradition lui était refusée ; et peu importe qu'il y ait
eu ou non convention de garantie dans le contrat [2]. Cette convention n'ajoute rien à l'obligation du
vendeur ; elle n'a en général aucun effet, à moins
qu'il ne s'agisse d'un cas où la garantie ne serait pas
due dans toute son étendue; alors elle effacerait l'exception particulière et ramènerait au droit commun [3].
Cependant la garantie n'est pas de l'essence de la
vente : elle peut être modifiée, être étendue ou affaiblie par des pactes ou des stipulations, être même
complétement détruite par une convention très-
expresse ; elle est également affaiblie par la connaissance qu'aurait eue l'acheteur du danger de l'éviction.

Nous avons peu de chose à dire sur les conventions
extensives de la garantie : nous savons déjà qu'elle
est aggravée dans son objet quand il y a eu *stipulatio
dandi*, parce que l'acheteur peut alors exiger que la
propriété lui soit transférée et qu'il n'est pas tenu
d'attendre pour agir que l'éviction ait eu lieu. La convention peut aussi étendre l'obligation de garantie à
des choses qui n'y sont pas naturellement comprises,
comme les servitudes, ainsi que nous le verrons plus

[1] L. 3, *de Act. empt.*
[2] L. 66, pr., *de Contr. empt.*—L. 6, au Code, *de Evict.*
[3] L. 27, au Code, *de Evict.*

tard. Enfin la *stipulatio duplæ* est aussi une aggravation de la garantie, car elle augmente la dette du vendeur, mais c'est une aggravation sous-entendue dans la vente, sauf les exceptions signalées.

Passons aux conventions et aux faits qui restreignent la garantie, et faisons en commençant une observation générale très-importante. C'est que toute clause générale ou spéciale par laquelle le vendeur tente d'affaiblir son obligation, est sans aucun effet et reputée non écrite, si elle a été proposée de mauvaise foi, c'est-à-dire si elle n'est 1' un calcul déloyal pour faire retomber sur l'acheteur l'éviction, dont le vendeur lui a dissimulé le danger. La bonne foi ne permet pas de telles manœuvres; elle exige au contraire que le vendeur indique à l'acheteur les chances de l'éviction, non pas d'une manière générale et vague, mais clairement, spécialement, telle qu'il les connaît lui-même, et qu'il le mette ainsi en état d'apprécier la clause proposée en toute connaissance de cause. S'il ne le fait pas, sa mauvaise foi le retiendra malgré lui, et quelle que soit la clause qu'il ait surprise, dans toute la rigueur de la responsabilité qu'il voulait éluder[1].

Les effets de la clause générale de non garantie nous sont expliqués par une loi d'Ulpien[2]. Le jurisconsulte suppose, après Julien, dont il rapporte et

---

[1] L. 1, § 1; l. 13, § 6; l. 11, § 18; l. 6, § 9; l. 39, *de Act. empl.*, l. 69, § 5, *de Evict.*

[2] L. 11, § 18, *de Act. empl.*

dont il suit l'avis, que le vendeur a promis par stipulation, *per se hœredemque suum non fieri quominus
habere liceat*, ou qu'il a été convenu dans la vente,
nihil evictionis nomine prœstatum iri. Un premier
point constant, c'est que, l'éviction arrivant par le
fait d'un tiers, l'acheteur ne pourra pas agir *ex stipulatu* dans le premier cas, ni davantage obtenir le
double, selon l'usage, dans le second cas. Il ne
pourra même pas, dans les deux cas, agir *ex empto
in id quod interest;* mais il pourra agir pour la restitution du prix qu'il a payé; car la bonne foi ne
souffre pas que le vendeur le retienne, alors que
l'acheteur a perdu la chose, *ut emptor rem amitteret
et pretium venditor retineret.* Ainsi, quand le vendeur
n'a promis que la garantie de ses faits seulement, ou
quand il a dit qu'il ne garantirait pas l'éviction, ces
deux clauses, qui se confondent dans leurs effets, ne
peuvent, malgré leur généralité, qu'exclure l'obligation de payer les dommages-intérêts, et laissent
subsister le droit pour l'acheteur de se faire restituer
le prix.

Ne pourrait-on donc pas aller jusqu'à détruire par
la convention cette dernière obligation elle-même?
On le peut, mais il faut une clause bien formelle :
nous le voyons par les termes mêmes dont se sert
Ulpien pour la décision qui précède ; le jurisconsulte,
après l'avoir donnée, ajoute : *Nisi forte sic quis omnes
suprascriptas conventiones recipit, quemadmodum reci-
pitur ut venditor nummos accipiat, quamvis merx ad
emptorem non pertineat. Veluti cum futurum jactum*

retis à piscatore emimus….. Ainsi, s'il apparaît bien clairement que les contractants ont voulu que le vendeur reçoive ou garde le prix, bien que l'acheteur n'ait pas la chose, cette convention produira tout son effet, parce qu'avant tout il faut garder *quod inter contrahentes actum sit* [1], et parce qu'enfin rien ne s'oppose absolument à la validité d'une telle clause. En effet, il en est d'une vente ainsi faite à peu près comme de celle d'un coup de filet, dans laquelle le pêcheur peut exiger le prix, bien que le coup de filet n'ait rien produit.

La dérogation à la garantie peut résulter de clauses particulières qui exceptent de l'obligation du vendeur telle ou telle partie de ce qui a été vendu, ou bien encore telle ou telle cause d'éviction.

Lorsque vous avez vendu un esclave ou un fonds, sous réserve de l'usufruit, que vous avez dit appartenir à un tiers, par exemple à Seius, cet usufruit se trouve naturellement excepté de la garantie, ou plutôt il n'entre pas même dans la vente. Toutefois, ce n'est pas tout usufruit qui est ainsi excepté, mais celui-là seul qui appartient à Seius, que vous ayez nommé; si donc, en réalité, l'usufruit, au lieu d'être à Seius, est à Sempronius, et que celui-ci vienne à le demander, Julien décide que vous en serez garant [2].

Si l'usufruit appartient à Sempronius comme lui ayant été légué non pas simplement, mais *quoad*

---

[1] L. 11, pr., *de Act. empt.*
[2] L. 39, § 5, *de Evict.*

vivet, il faudra aussi que vous déclariez cette circonstance, parce qu'un usufruit ainsi légué ne cesse pas par la *capitis deminutio,* comme c'est la règle ordinaire; il permet au contraire à l'usufruitier *capite minutus,* d'agir contre le nu-propriétaire en prétendant de nouveau *jus sibi esse utendi fruendi;* si donc pareille chose arrive pour Sempronius, alors que vous avez déclaré simplement qu'il était usufruitier, sans rien ajouter de plus, votre acheteur pourra agir contre vous *de evictione,* car, à s'en tenir à ce que vous avez dit lors de la vente, il aurait triomphé très-certainement de l'action que Sempronius, après sa *capitis deminutio,* a intentée contre lui [1].

Nous trouvons dans la loi 69, *de Evict.,* des exemples de dérogation à la garantie, au moyen de l'exception que fait l'acheteur de certaines causes d'éviction. Ce texte nous parle en premier lieu d'un vendeur *qui libertatis causam excepit,* c'est-à-dire qui, en vendant un esclave, a déclaré ne pas vouloir garantir l'éviction qui aurait pour cause la réclamation de la liberté par cet esclave. Cette restriction à la garantie aura son effet soit que la personne vendue ne fût pas réellement esclave au moment où elle a été vendue comme telle, soit qu'elle devienne libre plus tard par l'accomplissement de la condition sous laquelle la liberté lui avait été antérieurement léguée.

La déclaration, par le vendeur de bonne foi, que l'esclave est *statuliber,* emporte dérogation à la ga-

___
[1] L. 62, § 2, *de Evict.*

rantie, mais d'une manière moins large que dans le cas précédent : l'exception étant plus spéciale ne s'applique pas à la liberté qui pourrait être actuellement acquise à l'esclave, mais uniquement à la liberté attachée à un legs antérieur, soumis à une condition qui se trouve encore en suspens.

Cette exception se spécialise davantage encore par l'indication de l'événement particulier qui doit réaliser la condition. Il ne suffit plus alors pour la décharge du vendeur que l'esclave n'ait été enlevé à l'acheteur qu'à cause de son état de *statuliber*, il faut de plus qu'il n'ait pas trouvé, pour arriver à la liberté, d'autre voie que l'accomplissement de la condition indiquée. Ainsi l'esclave est arrivé à la liberté après l'année, conformément à la volonté du testateur, mais contrairement à la déclaration faite dans la vente, d'après laquelle l'esclave ne devait être libre qu'à la condition de donner dix : le vendeur est tenu de l'éviction, car il se trouve en dehors de l'exception prévue au contrat[1].

L'espèce suivante avait présenté plus de difficulté : la condition apposée à la liberté de l'esclave, c'est qu'il donnera dix ; le vendeur a dit qu'il devait donner vingt. La stipulation *de evictione* sera-t-elle ouverte ? Plusieurs l'avaient pensé, et en effet *verum est hunc quoque in conditionem mentiri*. Mais l'autorité de Servius a fait prévaloir l'opinion contraire qui n'accordait dans ce cas que l'action *ex empto*, pour le recou-

---

[1] 1.. 69, § 2, *de Evict.*

vrement des dix qui font la différence entre la somme réellement due et payée par l'esclave et la somme déclarée ; opinion fondée sur ce que la déclaration de l'acheteur, quoique inexacte pour la quantité à donner, exceptait cependant de la garantie toute condition consistant *in dando* [1]. Une trace de la première opinion est cependant restée dans un texte de Paul [2], où ce jurisconsulte, supposant absolument la même espèce, donne à l'acheteur non-seulement l'action *ex empto*, mais l'action *ex stipulatu ;* à moins qu'on ne dise, pour concilier la décision de Paul avec celle de Servius, que Paul entend parler du cas où il y aurait eu stipulation portant spécialement sur la condition de liberté elle-même : c'est l'interprétation proposée par Doneau [3].

La déclaration que l'esclave est *statuliber* ne produit aucun effet, quand le vendeur, connaissant la condition de la liberté, n'en a pas averti l'acheteur [4], parce qu'en cela il a commis un dol qui rend inutile, comme nous savons, toute dérogation à la garantie. On ne peut pas dire, d'une manière absolue, qu'il en est de même, quand la condition de la liberté a été déclarée, pour la fausseté de cette déclaration. Il faut dans ce cas, pour que le vendeur reste tenu de l'éviction, que l'indication fausse blesse son intérêt. Cela n'arrive pas si la condition exprimée

---

[1] L. 69, § 3, *de Evict.*
[2] L. 10, *de Statu liberis.*
[3] Donelus, *Comm. de Evict.*, cap. 11, n. 11.
[4] L. 69, § 5, *de Evict.*

devait lui être, en la supposant exacte, moins avantageuse que la condition réelle, en ce que, par exemple, elle procurerait plus tôt ou plus facilement la liberté à l'esclave ou avec moins de profit pour le maître, comme on le voit dans les espèces suivantes : la condition déclarée, c'est que l'esclave sera libre s'il donne cinq, ou bien *si navis ex Asia venerit;* la condition vraie, c'est qu'il doit être libre s'il donne dix, ou *si Titius consul factus fuerit.* L'esclave devient libre, après avoir donné dix ou bien lors de la nomination de Titius, qui n'est fait consul qu'après le retour du vaisseau. L'acheteur qui a ainsi gagné cinq, ou qui a gardé l'esclave plus longtemps qu'il ne devait s'y attendre, aurait trop mauvaise grâce à se plaindre et à prétendre à un recours [1].

Nous avons à examiner, après ce que nous venons de dire des clauses générales et des clauses spéciales restrictives de la garantie, ce troisième fait qui y déroge aussi : la connaissance par le vendeur du danger de l'éviction. Ici nous trouvons une controverse que nous avons à exposer, et, quand nous aurons pris parti pour l'une des opinions qui ont divisé les interprètes, nous chercherons à combler une lacune que nous laissons provisoirement derrière nous, en déterminant l'effet des clauses spéciales dérogatoires à la garantie, comme nous l'avons fait pour les clauses générales. C'est un second point qui a également

---

[1] L. 46, §§ 2 et 3, *de Evict.*

présenté des difficultés et dont la solution peut être aidée de la discussion du premier point.

Le seul texte qui s'occupe directement de l'acheteur qui a connu le danger de l'éviction, est un rescrit des empereurs Dioclétien et Maximien, qui forme la loi 27, au Code, *de Evict.*, et qui est ainsi conçu : *Si fundum sciens alienum vel obligatum comparavit Athenocles, neque quicquam de evictione convenit, quod eo nomine dedit contra juris poscit rationem, nam si ignorans desiderio tuo juris forma, negantis hoc reddi, refragatur.* Le seul point dont tout le monde soit demeuré d'accord sur ce texte, c'est que la garantie ordinaire est due à l'acheteur de mauvaise foi, qui a eu soin de se la faire expressément promettre ; la décision qu'il donne à cet égard est encore confirmée par d'autres lois, et il ne faut pas s'arrêter à ce que l'on rencontre de contraire dans la loi dernière, § 4, au Code, *Comm. de leg.*, qui statue sur le cas de vente d'une chose comprise dans un fidéicommis conditionnel, et qui fait à l'acheteur de mauvaise foi une position exceptionnelle par des motifs que nous aurons occasion de signaler plus loin. Mais que décide notre texte, quand il n'a rien été dit sur la garantie dans le contrat?

Dans une première opinion, on dit qu'il refuse d'une manière absolue tout recours à l'acheteur de mauvaise foi, même pour la répétition du prix. Cette opinion s'est formée tout d'abord de l'interprétation donnée à notre loi par les Glossateurs, et elle a été suivie par la plus grande partie des jurisconsultes.

Ses partisans invoquent à l'appui de leur interprétation la loi 7, au *Commun. utr. judic.*, qui leur paraît refuser aussi toute action au copartageant de mauvaise foi, qui n'a pas eu le soin de se faire promettre garantie de l'éviction.

Dans une seconde opinion, on dit qu'il s'agit, dans la loi *Si fundum*, d'un acheteur qui, sur la poursuite du propriétaire ou l'action d'un créancier hypothécaire a payé à l'un la *litis æstimatio*, ou à l'autre sa créance, et qui veut répéter tout ce qu'il a payé contre son vendeur. Les empereurs décident que cette répétition ne peut pas être admise ; mais ils ne parlent pas du prix payé par l'acheteur : ce prix peut donc être répété de même qu'il peut l'être lorsqu'il y a eu clause de non-garantie conformément à la loi 11, § 18, *de Act. empt.*, avec laquelle le cas actuel se trouve ainsi en complète harmonie. Telle est l'interprétation donnée à la loi *Si fundum* par Cujas.

Cette seconde opinion semble avoir eu moins de partisans que la première ; elle paraît cependant en avoir eu de tout temps. Ainsi, quoique ses partisans invoquent l'interprétation de Cujas sur la loi 27, il ne faut pas croire que cette doctrine n'existait pas auparavant. Loin de là, le jurisconsulte Aretinus avait déjà pu la présenter comme étant l'opinion commune, *asseverans communi omnium judicio receptum esse,* ainsi qu'on le voit dans les jurisconsultes de l'école opposée qui l'en reprennent [1].

---

[1] Covarruvias, *Variar. resolut.*, lib. 3, cap. 17, nᵒˢ 1 et 2.—V. aussi Fachinæus, *Controvers. juris*, l. 2, cap. 39.

Une chose qui étonne, c'est de ne trouver sur ce point, dans Cujas, malgré son explication de la loi *Si fundum*, qu'une doctrine qui ne semble ni très-arrêtée, ni même très-saisissable [1]. En retour, le parti de l'acheteur est très-nettement et très-franchement embrassé par Voët et par Pothier [2]. C'est à ce parti que je me rattacherai.

Je pense en effet que la loi 27 doit être entendue dans le sens que lui donnait Cujas. Pour que l'interprétation de la doctrine opposée soit vraie, il faudrait qu'Athénocles, l'acheteur, n'eût demandé à son vendeur que la restitution du prix. Or s'il avait borné là sa demande, comment admettre premièrement que les empereurs, en statuant sur son objet, au lieu de rendre la même idée par le même mot, ce qui était tout naturel, ou au moins par des expressions équivalentes, mais précises, aient employé au contraire des expressions qui, prises en ce sens, deviennent si vagues, *quod eo nomine dedit*, et ne se rattachent plus à rien dans la phrase? Comment admettre en second lieu que, dans la première partie du rescrit, les empereurs prennent la peine de dire que, si Athénocles a été de bonne foi, il pourra répéter le prix, quand cela ne pouvait être mis en doute par personne? Au contraire, si l'on suppose qu'Athénocles, ayant payé au propriétaire ou au créancier une somme su-

---

[1] Lisez son Commentaire entier sur cette loi, et les Commentaires sur les titres *Commun. de legatis*, et *Commun. utr. judic.*

[2] Voët, *ad Pandectas, de Evict.*, n° 32.—Pothier, *Vente*, n° 188.

périeure au prix, réclame à son vendeur tout ce qu'il a déboursé, on trouve tout naturel que les empereurs aient décidé qu'il ne peut pas répéter *quod eo nomine*, c'est à-dire *quod evictionis nomine dedit*, s'il a acheté de mauvaise foi ; mais que cette répétition intégrale de tout ce qu'il a payé lui appartient légitimement, s'il a été de bonne foi.

On applique ainsi à l'acheteur qui a connu le danger de l'éviction, les mêmes principes qu'à l'acheteur qui a laissé insérer un pacte de non-garantie ; en fait aussi, il existe entre eux beaucoup de ressemblance. La même idée de bonne foi qui a dicté la décision d'Ulpien dans la loi 11, § 18, *de Act. empti*, doit les couvrir l'un comme l'autre ; la bonne foi ne souffre pas que le vendeur garde le prix, quand l'acheteur a perdu la chose ; principe souverainement équitable et qui doit toujours être maintenu tant qu'il n'apparaît pas, comme l'exige Ulpien, que les parties ont voulu faire un contrat très-voisin d'une vente purement aléatoire.

Cette opinion est encore fortement confirmée par plusieurs décisions particulières.

C'est d'abord la loi 3, § 4, au Code, *Comm. de legatis*, où Justinien décide que l'acheteur de mauvaise foi d'une chose grevée d'un fidéicommis peut en répéter le prix. En vain on objecte qu'il n'y a pas d'argument à tirer de cette loi, parce que l'empereur, dans le § 3, a déclaré une telle vente nulle, et qu'en conséquence l'acheteur répète son prix, non pas *ex empto*, mais par une *condictio sine causâ*, attendu qu'il est sans cause dans les mains de l'acheteur. Cette objection me paraît sans fondement. Justinien, dans l'intérêt de la religieuse observation de la volonté du défunt, et pour en assurer l'exécution, borne le droit de l'acheteur, dans les ventes de cette sorte, à la simple répétition du prix, en refusant tout effet au pacte et à la stipulation par lesquels il se serait fait promettre la garantie ordinaire. Il est inadmissible qu'il fasse ainsi d'un côté la condition de l'acheteur pire que dans les cas ordinaires, et que de l'autre il la fasse beaucoup meilleure, en lui accordant le privilége d'une répétition qui ne pourrait pas être exercée de droit commun. C'eût été aller directement contre le but qu'il se proposait, car, en définitive, l'acheteur de mauvaise foi d'une chose grevée de fidéicommis aurait eu sur les autres acheteurs, dans la même position, l'avantage immense de ne pouvoir jamais perdre. La prétendue nullité, sur le compte de laquelle on met un pareil résultat, n'existe pas dans le sens qu'on lui prête. Au contraire, Justinien, qui ne s'occupe pas, dans le § 3 comme dans le § 4, de l'acheteur de mauvaise foi, dit que l'héritier doit s'abstenir de vendre la chose sujette à restitution, *ne se gravioribus oneribus evictionis nomine supponat.* Et quand il ajoute que, si cependant la vente a été faite, elle sera regardée comme non avenue, il a soin de préciser en quoi, et d'avertir que c'est en ce sens que l'acheteur ne pourra ni usucaper, ni opposer la prescription *longi temporis :* « *Sic intelligenda est quasi nec scripta, nec penitus fuerit celebrata, ut nec usucapio, nec longi temporis præscriptio contra legatorium vel fideicommissarium procedat..... legatorio vel fideicommissario omni licentia pateat rem vindicare et sibi adsignare, nullo obstaculo ei a detentoribus opponendo.* » Voilà en quel sens la vente doit être regardée comme *nec scripta, nec celebrata*, mais l'action *ex empto* reste à l'acheteur, comme le prouve la partie du texte citée en premier lieu. Autrement il faudrait aller jusqu'à dire qu'elle n'appartient pas même à l'acheteur de bonne foi, car la loi ne distingue pas; or cela est impossible.

La loi 1, au Code, *Si vendito pignore agatur*, fournit aussi un argument très-puissant : elle décide que, si le créancier a vendu le gage frauduleusement et sans avoir préalablement fait la dénonciation voulue, le débiteur peut le redemander à l'acheteur de mauvaise foi qui a colludé avec le créancier, mais à la condition de restituer le prix. Et ce serait une erreur de dire que cette restitution est due par le débiteur parce qu'il se trouve libéré envers le créancier, car autre chose est la somme dont il a été libéré, autre chose est le prix payé par l'acheteur. Or c'est le prix qui doit être remboursé. Et pourtant si un acheteur de mauvaise foi mérite d'être traité sévèrement, c'est bien celui qui a colludé avec le créancier gagiste pour dépouiller un malheureux débiteur.

Le seul texte qu'on oppose à de si fortes raisons de décider pour l'acheteur, c'est un rescrit qui forme la loi 7 au Code, *Commun. utr. judic.*, et qui statue sur l'espèce suivante : Un co-héritier, évincé par le créancier de ses co-partageants d'une chose

qu'il a eue en partage, veut agir contre eux *de evic-*
tione : le rescrit décide que, s'il a su la chose obligée, il
ne peut intenter l'action qu'autant qu'il y a eu pacte
ou stipulation de garantie. Mais là encore il ne faut
voir qu'une exclusion du droit d'agir *in id quod*
interest [1], ce qui n'empêche pas le co-partageant
d'obtenir des autres leur part dans la valeur pour
laquelle la chose est entrée en partage, afin qu'ils ne
s'enrichissent pas à ses dépens. Car si l'on entendait
le texte autrement, c'est-à-dire dans le sens d'un
refus absolu de toute action, il faudrait aller jusqu'à
dire qu'il ne pourrait même pas agir en raison du
profit retiré par ses co-partageants de la libération
de leur dette, par suite de la vente du gage ; or c'est
un résultat que l'on ne peut pas admettre, *ne ex*
aliena jactura lucrum adquirant [2].

Nous arrivons à la seconde question que nous
avons posée : quel est l'effet des clauses spéciales
par lesquelles on déroge à la garantie ? Il semble que
l'acheteur aurait dû rencontrer sur cette question les
mêmes adversaires que dans la précédente, car la
déclaration par le vendeur qu'il n'entend pas être
garant de l'éviction qui procéderait de telle cause ou
du droit de telle personne, avertit l'acheteur du danger de l'éviction et le constitue en quelque sorte de
mauvaise foi, comme celui qui achète sciemment la
chose d'autrui. Cette analogie, qui me paraît tout à

---

[1] V. Voët, *ad Pandectas, de Evict.*, n° 8 ; Pothier, *Vente*, n° 188.
[2] L. 12, § 1, *de Distractione pignor.*—L. 206, *de Reg. juris ;* l. 14,
de Condict. in deb.

fait exacte, n'a pas empêché cependant la plupart
des jurisconsultes qui se prononçaient contre l'acheteur dans ce dernier cas, de lui accorder la répétition du prix dans le cas de clause spéciale de non-
garantie. En effet, sur ce dernier terrain, la très-
grande majorité des interprètes, abandonnant cette
fois l'opinion des Glossateurs, s'est décidée pour l'a-
cheteur [1]. Les Glossateurs, logiques selon moi avec la
décision qu'ils donnaient sur la loi *Si fundum*, se prononçaient encore contre lui [2] : ils faisaient résulter
cette doctrine de la loi 69 *de Evict.*, d'après laquelle
qui libertatis causam excipit in venditione…. non tene-
bitur evictionis nomine. On a répondu avec raison
que dans cette loi il n'était nullement question du
prix [3]. Une opinion intermédiaire, qui a laissé très-
peu de trace chez les interprètes, a été aussi présentée par un jurisconsulte de l'école des glossateurs,
Odoffredus. Selon lui, le vendeur d'un esclave qui a
excepté de la garantie telle espèce déterminée de
liberté, l'éviction arrivant, ne sera tenu ni au prix
ni aux dommages-intérêts, *propter illam speciem*
exceptam; mais, au contraire, s'il a excepté d'une
manière générale *omnem speciem libertatis*, il reste
encore tenu à la restitution du prix, *non ad duplam*
evictionis nomine, sed ad pretium [4]. Cette doctrine

---

[1] V. cependant Doneau, *de Evict.*, cap. 11, nᵒ 13.

[2] Grande Glose, l. 69, *de Evict.*

[3] *V.* Pothier, *de la Vente*, nᵒ 186 ; Bruneman, ad l. 69, *de Evict.*—
Fachinæus, *Controv. juris*, l. 11, cap. 39.

[4] Odoffredus, ad *l. Qui libertatis*, *de Evict.* (l. 69.)

revient à dire que le vendeur doit la restitution du prix, malgré l'exception de la cause de l'éviction quand elle est faite en termes généraux, mais qu'il en est dégagé par la désignation particulière et nominative de cette cause : *Non sufficit ad pretium amittendum exceptio causæ generaliter expressa, nempe libertatis, nisi et in specie excipiatur causæ et tituli nomen, scilicet libertatis ex titulo testamenti Sempronii.* C'est en ces termes que cette doctrine est précisée par un jurisconsulte [1] qui la combat, mais qui nous apprend que, contrairement à ce qui a été écrit par plusieurs, elle avait aussi pour elle l'avis et l'autorité d'Accurse.

Résumons notre doctrine sur tous les points qui précèdent en reconnaissant :

Premièrement, que l'acheteur qui a connu le danger de l'éviction conserve néanmoins le droit d'agir en restitution du prix, sans rien pouvoir demander au delà, à moins de convention expresse de garantie. Et, à cet égard, il n'y a aucune distinction à faire entre la connaissance acquise par l'acheteur, au moyen de la déclaration du vendeur, et la connaissance qu'il en aurait eue autrement : la loi *Si fundum* comprend également les deux cas, et il n'y a pas de bonne raison pour exiger une déclaration, alors que l'acheteur est déjà instruit : *neque certiorari debuit qui non ignoravit* [2].

---

[1] Covarruvias, *Variarum resolutionum*, l. 3, cap. 17, nos 1 et 2.
[2] L. 4, § 4, *de Act. empt.*

Secondement, qu'il faut décider de même dans le cas soit d'une clause générale de non-garantie, soit d'une clause spéciale qui y déroge, à moins de convention formelle qui donne un caractère aléatoire à la vente.

Il est une réserve cependant qui me paraît incontestable et importante à noter. Quand le vendeur n'a pas un droit complet sur la chose, la simple déclaration qu'il en fait l'affranchit de tout recours, même en ce qui concerne le prix. Ainsi, quand le vendeur a dit que Titius est usufruitier du fonds ou de l'esclave vendu, ou que cet esclave est *statuliber*, il ne peut être exposé à aucune espèce de réclamation en raison de l'exercice par Titius de l'usufruit qui lui appartient, ou de la liberté acquise à l'esclave par l'accomplissement de la condition à laquelle elle était soumise. Dans ce cas, ce qui a été vendu, ce n'est pas un fonds ou un esclave, c'est la nu-propriété d'un fonds ou un *statuliber*. Aussi le langage des textes n'est plus le même : ils ne parlent plus d'un vendeur qui convient d'une exception à la garantie, *qui excipit* [1], mais d'un vendeur qui déclare que telle personne est usufruitière ou que l'esclave vendu est *statuliber*, *qui statuliberum dicit* [2], *qui dicit usumfructum Seii esse*; et cette déclaration que l'usufruit est à un autre est mise sur la même ligne que la vente faite, *detracto usufructu* [3].

---

[1] L. 69, *pr. de Evict.*
[2] L. 69, § 1 et suiv., *de Evict.*
[3] L. 39, § 5, 1. 46, 1. 62, § 2, *de Evict.*

Nous avons déjà vu qu'il n'est pas dû garantie dans les ventes aléatoires. La raison en est qu'alors ce n'est pas une chose qui est vendue, mais une espérance, *spei emptio est*[1]. En conséquence le vendeur n'est tenu qu'à faire ce qu'il a promis pour que l'espérance se réalise, ou à s'abstenir de tout ce qui pourrait l'empêcher de se réaliser, s'il n'a rien promis de faire; mais il n'est pas garant de la chose sur laquelle porte l'espérance, car il ne l'a pas vendue.

Par une semblable raison, le vendeur d'une universalité, comme une hérédité ou un pécule, n'est pas garant de l'éviction des objets particuliers, à moins de déclaration indiquant nommément l'objet évincé comme faisant partie de l'universalité vendue.

CHAPITRE II.

Des Conditions que doit réunir l'éviction pour donner lieu au recours de l'acheteur.

Maintenant que nous savons quand et dans quelles ventes la garantie est due, et quelles modifications elle peut subir, recherchons ce que c'est que l'éviction et quelles conditions elle doit réunir pour autoriser un recours de la part de l'acheteur. Nous avons déjà vu que l'idée d'éviction suppose une lutte judiciaire et un triomphe remporté sur la personne évincée. Mais cela ne contient pas le sens complet du

---

[1] L. 8, *de Contrah. empt.*

mot éviction ; il faut, pour qu'il s'applique dans toute son étendue, que le triomphe judiciaire ait porté son fruit, que le vainqueur ait dépouillé son adversaire de l'objet du litige ; jusque-là il n'y avait qu'un adversaire vaincu , c'est alors seulement qu'il y a un adversaire évincé. Aussi, dit Cujas , *plus est evincere quam vincere, nec quod vicerit adversarius, emptor regressum habet ad venditorem nisi etiam pervicerit, id est evicerit* [1]. L'éviction d'une chose vendue, c'est donc le dépouillement de l'acheteur condamné par le juge à se dessaisir de cette chose. Le dessaisissement de l'acheteur n'est nécessaire cependant que dans le cas où, étant possesseur, il succombe sur la demande d'un tiers; mais si au contraire il joue le rôle de demandeur et réclame la chose contre un tiers qui la possède, le jugement qui le repousse et qui maintient la possession à son adversaire, constitue une éviction tout aussi bien que dans le cas inverse. Enfin il y a encore éviction dans un troisième cas, bien que l'acheteur ne soit pas dépouillé et conserve au contraire la possession de la chose, c'est lorsqu'il paye, pour la garder, l'estimation du litige. En effet, il ne possède plus la chose en vertu de la vente, mais par l'effet de la *litis æstimatio*, qui est comme un second achat ; par conséquent il est juste de dire que, relativement au premier achat, il a été véritablement évincé [2]. Pomponius embrasse en quelques mots ces

---

[1] Cujas, *Paratitla*, in lib. VIII, *Codicis*, 44, *de Evict.*
[2] L. 21, § 2, *de Evict.*

trois genres d'éviction : *Duplæ stipulatio committi dicitur tunc quum restituta est petitori, vel damnatus litis æstimatione, vel possessor ab emptore conventus absolutus est* [1]. Voilà les termes rigoureux dans lesquels se définit l'éviction, en tant que condition de la *stipulatio duplæ* ; en dehors de ces termes, il n'y a pas d'action *ex stipulatu* possible ; mais l'action *ex empto* est moins rigide ; elle admet des équivalents que nous signalerons dans un paragraphe distinct. Mais auparavant examinons dans deux premiers paragraphes les deux conditions capitales qui doivent se rencontrer dans l'éviction pour qu'elle autorise un recours.

§ Ier.—*L'éviction doit procéder d'une cause antérieure à la vente ou du fait du vendeur.*

Le vendeur est garant de l'éviction parce qu'elle viole son obligation, *præstare rem habere licere ;* mais elle ne peut la violer, qu'autant qu'elle lui est imputable : il faut donc qu'elle ait sa cause dans la possession vicieuse qu'il a livrée à l'acheteur, ou dans un fait postérieur que celui-ci puisse lui reprocher.

Quand le vendeur est propriétaire de la chose vendue et qu'il la possède libre de tout droit d'usufruit ou de gage, la tradition qu'il en fait à l'acheteur est parfaite et irrévocable ; elle transmet à ce dernier un droit inattaquable et elle libère complétement le ven-

---

[1] L. 16, § 1, *de Evict.*

deur pour le présent et pour l'avenir, sauf le cas particulier de *restitutio in integrum*, dont nous parlerons dans le paragraphe suivant. Ce n'est pas à dire que l'acheteur ne pourra pas être dépouillé, mais ce sera alors en raison d'un événement postérieur à la vente qui doit retomber sur lui, comme les détériorations ou même la perte de la chose; car, aussitôt le contrat formé et même avant la tradition faite, les risques passent tous à sa charge : *periculum rei venditæ statim ad emptorem pertinet* [1].

Ainsi le vendeur n'est responsable que des évictions dont la cause est antérieure à la vente, parce qu'elles seules proviennent de l'inexistence ou du vice des droits qu'il a vendus. Mais il n'est pas nécessaire que cette cause se rencontre dans un droit déjà ouvert au profit d'autrui, lors de la vente; il suffit que le droit ait existé, à cette époque, à l'état de simple espérance, bien qu'il ne se soit réalisé que plus tard. Ainsi la liberté réclamée par l'esclave *statuliber* à l'accomplissement de la condition qui l'a rendu libre, est une éviction qui retombe sur le vendeur, quand il n'en a pas fait la déclaration, et pourtant l'individu vendu était réellement l'esclave du vendeur, au temps du contrat [2].

L'acheteur, avons-nous dit, reste sans recours pour les évictions dont la cause est postérieure à la vente. Et par exemple, il ne peut rien réclamer s'il a été

---

[1] *Instit.*, § 3, *de Empt. et vend.*—L. 8, *de Peric. et com. rei vend.*
[2] L. 39, *de Evict.*, § 4.

·violemment dépouillé de la chose [1], ou s'il en a été dépossédé par le fait du prince [2].

Également, si l'éviction est la suite d'un jugement rendu contre le droit, c'est une dépossession qui a sa cause unique dans une sentence injuste, un cas fortuit postérieur à la vente qui retombe sur l'acheteur [3]; et peu importe qu'elle soit le résultat de l'ignorance ou de la mauvaise foi du juge : dans les deux cas, c'est une injustice faite à l'acheteur, qui doit seul en souffrir sans qu'on ait de raison d'en faire porter la peine au vendeur [4].

Bien que, procédant d'une cause postérieure à la vente, l'éviction serait à la charge du vendeur si elle provenait de son fait. C'est ce qui arriverait si, après la vente, mais avant la tradition, il avait aliéné ou hypothéqué la chose vendue. L'acheteur, mis ensuite en possession, se trouverait exposé à la revendication ou à l'action hypothécaire du tiers devenu propriétaire ou créancier : il est tout naturel que, venant à être évincé, il ait son recours contre le vendeur.

§ II. — *L'éviction doit résulter de l'exécution d'un jugement.*

Nous connaissons déjà les trois principes que nous avons à poser ici. Il faut premièrement que l'éviction

---

[1] L. 17, au Code, *de Act. empt. et vend.*

[2] L. 11, *pr. de Evict.*

[3] L. 5, *de Evict.*, l. 8 et 15, Code, *eod. tit. Fragm. vatic. ex Empto et vendito*, §§ 8 et 10.

[4] L. 51, *de Evict.*—L. 67 *de Fidej.*

résulte d'un jugement ; secondement, que ce jugement soit rendu selon le droit ; troisièmement, qu'il
ait été exécuté.

Nous venons de voir dans le paragraphe précédent
comment l'acheteur reste et doit rester seul victime
de l'éviction qui procède *ex injuria judicis*.

Il nous reste à développer les deux autres principes
que je viens d'indiquer.

Il n'y a pas d'éviction si l'acheteur s'est volontairement dépouillé ; c'est une règle dont nous aurons
plusieurs fois à faire l'application : il faut que la
chose lui ait été arrachée malgré lui, qu'il ait subi
une sorte de violence juridique, qu'il n'ait cédé que
vaincu par la sentence du juge. Mais pourvu qu'il y
ait eu jugement, on n'a pas à rechercher sur quel
genre d'action il a été rendu [1]. L'éviction résultant
même d'une *restitutio in integrum* donnerait droit au
recours de l'acheteur comme dans le cas de toute
autre sentence. Ainsi un mineur de vingt-cinq ans a
été lésé dans la vente d'un fonds qu'il a faite à Titius,
lequel a revendu à Seius, et il s'est fait plus tard restituer contre les deux acheteurs. Il est juste que
Seius, qui se trouve dépouillé, ait son recours contre
Titius : aussi il obtiendra une action qui lui permettra
de l'exercer. Cependant, comme, d'après le droit civil, la tradition faite par Titius à Seius n'était enta-
chée d'aucun vice, et que la *restitutio in integrum* ne
se trouve être qu'une cause d'éviction postérieure à

---

[1] L. 34, § 1 et 2.—L. 35, *de Evict.*

la vente, on ne pourra pas donner à Seius l'action directe *de evictione*, mais on lui donnera une action utile, dont l'équité prétorienne lui accordera le secours, de même qu'elle a accordé au mineur le remède de la restitution[1].

Il ne faut pas assimiler à un jugement la sentence rendue à la suite d'un compromis, car elle est rendue contre des justiciables volontaires, qui s'y sont soumis de leur plein gré, et sans qu'aucune nécessité les ait forcés à compromettre. Si donc l'acheteur est évincé par une semblable sentence, l'éviction reste à sa charge, comme étant en quelque sorte son fait, ou au moins une suite de sa volonté, au lieu de lui avoir été imposée par une défaite juridique : *nulla enim cogente necessitate id fecit*[2].

La nécessité d'un jugement se montre d'une manière saisissante dans l'espèce suivante[3] : Vous êtes mon *negotiorum gestor*, et vous avez acheté une chose qui m'appartient, sans le savoir : mais votre bonne foi vient à se dissiper, de sorte que si vous laissiez passer le temps de l'usucapion, vous deviendriez bien propriétaire, mais vous seriez exposé à l'action *negotiorum gestorum* que j'intenterais contre vous; car, n'étant plus de bonne foi, vous ne pouvez pas impunément usucaper ma chose, vous qui devez, au contraire, surveiller sa conservation dans mon patri-

[1] L. 39, l. 66, § 1, *de Evict.*
[2] L. 56, § 1, *de Evict.*
[3] L. 19, § 3, *de Negot. gest.*

moine. Comment ferez-vous pour vous soustraire à cette action *negotiorum gestorum?* Le jurisconsulte dit qu'il faut que vous chargiez une tierce personne de revendiquer en mon nom contre vous, et la raison qu'il en donne, c'est qu'ainsi vous rendrez exigible la stipulation sur l'éviction. En effet, le simple abandon que vous feriez de la chose, et sa remise volontaire dans mon patrimoine, manqueraient de la condition essentielle pour que vous puissiez agir *ex stipulatu*, c'est-à-dire d'un jugement qui vous condamne.

Nous arrivons au troisième principe posé en tête de ce paragraphe: il faut, pour que l'acheteur puisse agir contre son vendeur, que le jugement ait été exécuté. Autrement, l'éviction n'a pas été consommée; dès lors, pas d'action *de evictione*. Ainsi, si celui qui a fait condamner l'acheteur vient à mourir et que personne ne se présente pour faire exécuter le jugement, l'acheteur ne peut prétendre à aucun recours, *quia rem habere ei licet*[1]. Bien plus, si la chose, avant d'être enlevée à l'acheteur, lui est donnée ou léguée par celui qui a obtenu le jugement, l'acheteur ne pourra pas agir *ex stipulatu*, car le jugement n'a pas été exécuté[2].

A plus forte raison, l'éviction ne doit pas être regardée comme consommée, s'il reste à l'acheteur, après une première défaite judiciaire, un second

---

[1] L. 57, pr. *de Evict.*
[2] Même loi, § 1.

moyen de la réparer. En conséquence, bien que l'acheteur ait succombé dans sa revendication contre un tiers-possesseur, il ne pourra pas recourir contre son vendeur, s'il lui reste encore la ressource de la Publicienne ; c'est seulement après avoir infructueusement intenté cette dernière action, qu'il pourra agir contre lui, car alors il ne lui reste plus aucune espérance d'avoir la chose : *Omnis spes rem habendi abscissa est.*

La perte de la chose rend l'éviction impossible, impossible par conséquent l'action *de evictione*[1]. Toutefois, cela n'est vrai que lorsque la perte a eu lieu avant la *litis contestatio ;* si elle n'a eu lieu qu'après, deux textes de Paul décident que le procès engagé avec le revendiquant doit être continué et mené à fin : *propter stipulationem de evictione*[2], *de evictione actionis conservandæ causâ*[3]. Ainsi, la perte arrivée après la *litis contestatio* n'empêche pas la stipulation de devenir exigible, bien que l'éviction ne puisse pas être consommée, et que l'acheteur doive même être absous s'il n'était pas en demeure, c'est-à-dire s'il a eu de justes motifs de résister à la demande, croyant de bonne foi être dans son droit[4], et si la chose a péri sans sa faute[5]. J'avoue que, pour le cas d'absolution de l'acheteur, la décision de Paul me semble peu en

---

[1] L. 21, pr. *de Evict.*
[2] L. 16, *de Rei vindicat.*
[3] L. 11, *Judicat. solv.*
[4] L. 40, *de Hæred. petit.*
[5] L. 15, § 3, *de Rei vind.*

harmonie avec les décisions qui précèdent, et avec celle qu'il me reste encore à rapporter.

Si un esclave est fugitif, c'est un vice dont le vendeur doit garantie, en vertu d'une disposition expresse de l'Édit des Édiles [1]. Mais un esclave peut très-bien n'avoir jamais pris la fuite chez le vendeur et arriver un jour à s'enfuir de la maison de l'acheteur : ce n'est plus alors qu'un cas fortuit qui reste à la charge de ce dernier, et qui rend même le recours en éviction impossible tant que l'esclave n'est pas recouvré. En effet, l'acheteur répond de la fuite de l'esclave, vis-à-vis du tiers qui le revendique, au cas seulement où il est en faute, c'est-à-dire si, depuis la *litis contestatio*, il n'a pas suffisamment surveillé l'esclave, alors qu'il avait des raisons de craindre qu'il ne cherchât à se sauver. En cas pareil, il est condamné à la valeur de l'esclave, sauf à lui à le poursuivre en vertu de son droit personnel, s'il a déjà usucapé, sinon au moyen des actions qu'il se fera céder par le demandeur. Au contraire, quand l'acheteur n'est point en faute, il doit seulement promettre de restituer l'esclave, s'il le retrouve, *cavere ut hominem restituat*. C'est tout ce que l'on exige, si l'usucapion ne s'est point encore accomplie à son profit. Il lui est de plus enjoint, s'il est devenu propriétaire par l'expiration du délai de l'usucapion, de céder ses actions au demandeur ou de donner la caution de poursuivre lui-même l'esclave et de le res-

______
[1] L. 1, § 1, *de Ædil. edict.*

tituer, ou d'en payer la valeur, *cautio de perse-
quendo servo qui in fuga est, restituendove pretio*[1]. Au
moyen de ces cautions, ou de la cession de ses actions, l'acheteur doit être absous. Mais condamné ou
absous, peu importe, l'acheteur ne peut point agir *de
evictione* tant que l'esclave est en fuite. La raison en
est facile à saisir pour le cas où il y a eu absolution,
car s'il est vrai que l'acheteur ne possède plus l'esclave, c'est *propter fugam*, et non pas *propter evictio-
nem*. Le jurisconsulte romain fait le même raisonnement pour le cas où il y a eu condamnation ; mais il
me semble que ce raisonnement est ici beaucoup plus
subtil que juste ; car il n'explique que la dépossession
de la personne de l'esclave ; reste la *litis œstimatio*,
dont le payement, à ce qu'il semble, devrait autoriser l'acheteur à agir, *nam pecunia abest*[2]. Et si l'on
objecte qu'il doit s'imputer de l'avoir payée, parce
qu'il n'aurait pas été condamné s'il n'avait pas été en
faute, ne peut-on pas répondre ; d'abord qu'on ne
peut pas tenir un pareil langage dans l'intérêt du
vendeur, car, en ce qui le concerne, l'acheteur n'est
pas en faute, et enfin que ce n'est là qu'une cause
secondaire de la condamnation, dont la cause véritable vient de ce que l'esclave vendu était la propriété
d'autrui ? Quoi qu'il en soit, voyons à quel moment,
l'esclave une fois recouvré, la stipulation deviendra
exigible. Ici le jurisconsulte distingue : l'acheteur

---

[1] L. 21, *de Rei vindicat.—Inst. de divis. stip.*, § 1.
[2] L. 24, § 2, *de Evict.*

a-t-il été absous, il faudra, pour que la stipulation devienne exigible, non-seulement que l'acheteur ait recouvré l'esclave, mais qu'il l'ait restitué au demandeur, car c'est alors seulement qu'il est évincé ; au contraire, a-t-il été condamné et a-t-il payé la *litis æstimatio*, il suffit, pour qu'il puisse agir, qu'il ait saisi l'esclave ; car désormais il le possède en vertu de la *litis æstimatio*, c'est-à-dire d'une sorte de seconde vente, et non plus en vertu de la première [1].

§ III. — *Des cas où l'acheteur, sans avoir l'action* ex stipulatu, *peut agir* ex empto.

Dans les paragraphes qui précèdent, nous avons examiné l'éviction dans ses éléments rigoureux, avec l'exactitude rigide, exigée par l'action *ex stipulatu*. Il nous reste à signaler les équivalents équitables admis par l'action *ex empto*.

Nous savons que l'acheteur ne peut prétendre ni à l'une ni à l'autre action, tant que la chose reste en sa possession, quand bien même il serait établi qu'elle est à autrui ou obligée à autrui [2]. Il ne le peut pas davantage, même après le trouble résultant d'une revendication entamée contre lui [3], même après la condamnation prononcée, tant qu'elle n'est pas exécutée [4]. Mais rappelons un principe qui met une dif-

---

[1] L. 21, § 3, *de Evict.*
[2] L. 3, Code, *de Evict.*
[3] L. 74, § 2, *de Evict.*
[4] L. 57, *de Evict.*

férence capitale, sur tous ces points, entre les deux actions, c'est que, si le vendeur a agi de mauvaise foi en vendant sciemment la chose d'autrui, l'acheteur, dès qu'il éprouvera quelque préjudice par un commencement de trouble ou autrement, pourra agir *ex empto*, en raison du dol du vendeur. Ce principe trouve une de ses applications au cas de perte de la chose vendue. Jamais, en cas pareil, il ne peut y avoir lieu à l'action *ex stipulatu;* car la perte de la chose, par exemple la mort de l'esclave vendu, est un cas fortuit qui reste à la charge de l'acheteur, et qui même éteint l'obligation de garantie : *quia nemo eum evincit, sed fatum humanæ sortis*. Mais il n'en est pas de même de l'action *ex empto*. Le vendeur, au contraire, pourra, même après la perte de la chose, être attaqué de *dolo, si dolus intercesserit*[1].

Ainsi une première différence entre les deux actions, en faveur de l'action *ex empto*, c'est que l'acheteur peut, par cette dernière, exercer un recours *de dolo venditoris*, sans qu'il soit indispensable qu'il y ait eu éviction.

Une seconde différence résulte de ce que, dans l'action *ex stipulatu*, il n'y a d'éviction que celle qui a lieu en vertu d'un jugement, tandis que, dans l'action *ex empto*, on tient l'éviction pour accomplie, bien qu'elle n'ait pas été ordonnée par jugement, toutes les fois que l'acheteur ne possède plus *ex causâ emp-*

---

[1] L. 21, pr. *de Evict.*

tionis, ou que la chose est rentrée, sans sa faute, en la possession de son véritable propriétaire.

C'est ce que nous allons voir dans les espèces suivantes.

Je ne puis pas agir contre moi-même : si donc je deviens héritier de Titius, maître de l'esclave que vous m'avez vendu, je perds mon action *ex stipulatu*, puisque tout jugement est devenu impossible ; mais je pourrai recourir à l'action *ex empto*, car désormais je ne possède plus l'esclave en qualité de votre acheteur, *ex causâ emptionis*, mais en qualité d'héritier de Titius [1].

Il faut en dire autant pour le cas où je viendrais à acquérir la chose vendue comme donataire ou légataire du véritable propriétaire [2].

Une femme achète un esclave *a non domino*, puis elle se marie, et elle le donne en dot à son mari sans savoir qu'il appartient à celui-ci. L'esclave se trouve perdu pour elle ; car son mari, en étant propriétaire, ne sera pas tenu de le restituer comme chose dotale. Elle ne peut cependant pas prétendre à l'action *ex stipulatu*, par la raison qu'elle a été dépouillée par un fait volontaire de sa part, et non pas par un jugement ; mais comme on n'a aucune faute à lui reprocher, elle trouvera, dans l'équité de l'action *ex empto*, un moyen de recourir contre son vendeur [3].

---

[1] L. 9 et 41, § 1, *de Evict.*

[2] L. 13, § 15, *de Act. empt. et vend.*—L. 29, *eod. tit.*—L. 84, § 5, *de Legat.* 1°.

[3] L. 24, *de Evict.*

Pareillement, l'acheteur qui a affranchi l'esclave vendu, en exécution d'un fidéicommis, ne pourrait pas, par les mêmes motifs, agir *ex stipulatu* ; mais il peut aussi, comme la femme, dans le cas précédent, agir *ex empto*[1].

Voici encore un cas où, l'exécution du jugement étant impossible, la *stipulatio duplæ* ne peut pas devenir exigible, et où cependant il est juste que l'acheteur ait un recours, qu'il obtient par l'action *ex empto*. — Tertius, attaqué en revendication d'un esclave qu'il a acheté, a établi pour son *procurator ad litem* Secundus, son vendeur, qui lui-même avait acheté cet esclave de Primus. Le procès perdu, Secundus paye la *litis æstimatio*. Y a-t-il eu éviction ? Rigoureusement non, car Tertius a gardé la chose ; et si Secundus en a payé la valeur, ce n'est pas en son nom, c'est comme procureur d'un autre, de sorte que lui aussi ne peut pas se dire évincé. Il en résulte qu'il ne peut pas agir *ex stipulatu* contre Primus, son vendeur ; mais cependant il éprouve un préjudice évident, car il ne peut pas utilement poursuivre contre Tertius, son mandant, ce qu'il a déboursé pour lui conserver l'esclave ; et, ce préjudice ne devant par aucun motif rester à sa charge, il obtiendra *ex empto* le remboursement par Primus de la *litis æstimatio*[2].

---

[1] L. 26, *de Evict.*
[2] L. 66, § 2, *de Evict.*

§ IV. — *Des Déchéances résultant du fait ou de la faute de l'acheteur
ou du défaut de dénonciation.*

L'acheteur perd tout recours contre le vendeur :
Premièrement, si l'éviction est le résultat de son fait
ou de sa faute ; secondement, s'il n'a pas fait la
dénonciation dont nous parlerons bientôt.

Le fait de l'acheteur peut être antérieur à la vente.
Ainsi il a hypothéqué pour la dette d'un tiers un
fonds lui appartenant, qu'il a ensuite vendu, puis
racheté ; s'il est évincé par le créancier hypothécaire, c'est en vain qu'il attaquera son vendeur, car
celui-ci répondra qu'il est évincé par son fait, et le
repoussera par l'exception de dol[1].

Dans certains cas, le fait de l'acheteur rend l'éviction impossible et libère le vendeur, non pas de l'é-
viction, mais de la garantie pour l'avenir. C'est ce qui
arrive quand l'acheteur a fait du fonds vendu un
lieu religieux, abandonné la chose avec intention de
renoncer à tout droit sur elle ou affranchi l'esclave
vendu. Dans ces trois cas, l'acheteur perd la propriété : peu importe dès lors que la chose vendue
ait été celle du vendeur ou celle d'autrui ; tout naturellement, en perdant la propriété, l'acheteur perd
aussi la garantie, *amittit auctoritatem*[2].

[1] L. 20, *de Evict.*
[2] L. 51, § 2, l. 76, l. 25, *de Evict.*

L'éviction procède du fait de l'acheteur et par conséquent reste à sa charge, quand la sentence qui le dépouille a été rendue sur un compromis, ainsi que nous l'avons déjà vu. A plus forte raison quand il a restitué spontanément et avant tout jugement[1]. Enfin quand il n'a succombé que par suite d'une exception qui lui était purement personnelle[2], comme serait, par exemple, l'exception *jurisjurandi*, dans le cas où il aurait antérieurement déféré le serment à son adversaire et où celui-ci aurait juré que la chose était à lui.

L'acheteur est en faute et se trouve déchu de tout recours, s'il n'a pas fait la dénonciation dont nous parlerons bientôt, ou s'il s'est laissé condamner sans comparaître; *magis enim propter absentiam victus videtur, quam quod malam causam habuit*[3]. D'une manière plus générale, l'acheteur est en faute toutes les fois qu'il aurait pu éviter l'éviction, par exemple, s'il a imprudemment perdu la possession et changé ainsi son rôle de défendeur en celui de demandeur, en sorte qu'il a succombé uniquement parce qu'il n'a pas pu prouver son droit de propriété, tandis que comme défendeur il aurait repoussé son adversaire qui n'aurait pas davantage pu prouver qu'il était propriétaire[4]. Il en est de même du cas où

---

[1] L. 17, Code, *de Evict.*
[2] L. 27, *de Evict.*
[3] L. 55, pr. *de Evict.*
[4] L. 27, § 1, *de Evict.*

l'acheteur, averti par le vendeur d'agir par la Publicienne, a succombé, parce qu'au mépris de cet avis il a intenté la revendication et qu'il n'a pas pu établir son droit de propriété, alors qu'il lui eût été facile de prouver qu'il avait une *justa possessio*, appuyée sur la bonne foi, aux deux époques de la vente et de la tradition [1], ce qui suffisait pour le faire triompher par la voie qu'indiquait le vendeur [2]. Mais celui-ci ne pourrait pas faire un reproche à l'acheteur de n'avoir pas intenté l'action Servienne ou hypothécaire qu'il offrait de lui céder, car elle ne compète pas à l'acheteur de son chef et elle n'assure pas suffisamment son droit, puisqu'elle cesse dès que la créance garantie par elle est remboursée [3].

L'acheteur, pour être exempt de faute, doit soigneusement proposer devant le juge tous les moyens qui peuvent concourir à sa défense, soit qu'ils lui compètent de son chef, soit qu'ils compètent à son vendeur, car il peut invoquer tous les moyens et exceptions mêmes personnels à ce dernier, *eum qui in locum venditoris successit iisdem defensionibus uti, quibus venditor ejus uti potuisset* [4]. Il peut en conséquence opposer du chef du vendeur l'exception *pacti*; car s'il est vrai que les conventions ne servent qu'à ceux qui les ont faites [5], il est raisonnable ce-

---

[1] L. 48, *de Usurpat. et Usucap.*
[2] L. 66, *de Evict.*
[3] Même loi, 66.
[4] L. 76, § 1, *de Contr. empt.*; l. 156, *de Regulis juris.*
[5] L. 29, § 4, *de Pactis.*

pendant et il est même indispensable pour qu'elles leur servent complétement, qu'elles puissent être invoquées par une tierce personne, quand il est de l'intérêt de ceux qui les ont faites que ce tiers en profite. Ainsi l'acheteur peut se prévaloir du pacte fait avec le vendeur, quand ce pacte est *in rem*; et Paul nous rapporte que, suivant le sentiment de Sabinus, il le pourrait encore, même quand le pacte serait *in personam* [1].

Quand le délai pour l'usucapion ou la prescription de long temps est écoulé, l'acheteur, s'il est dans les conditions voulues pour s'en prévaloir, ne peut plus être évincé, et le vendeur est libéré de la garantie, *desinit emptori teneri de evictione* [2]. Si donc l'acheteur a omis de les présenter comme moyens de défense, l'éviction procède de sa faute et il ne peut pas recourir contre le vendeur, qui avait cessé d'être tenu envers lui. Bien plus, si l'acheteur, se trouvant dans le cas d'acquérir la chose par la possession, n'est pas arrivé à cette acquisition parce qu'il a laissé sa possession s'interrompre, c'est encore une faute qui laisse l'éviction à sa charge, puisqu'en étant plus soigneux il aurait pu l'éviter [3]. Il peut arriver un cas cependant où, bien que l'usucapion couvre et l'acheteur et le vendeur, l'éviction néanmoins ait lieu sans aucune faute de l'acheteur; c'est lorsque le tiers de-

---

[1] L. 17, § 5, *de Pact.*

[2] L. 54, *de Evict.*, l. 19, Code, *eod. tit.*

[3] L. 56, § 3, *de Evict.*

mandeur, au retour d'une absence motivée par une crainte raisonnable ou nécessitée par un service public, obtient du préteur la revendication ou la Publicienne qui lui appartenait avant son départ, avec une formule fictice reposant sur l'hypothèse que l'usucapion n'aurait pas eu lieu [1]. L'éviction qui arrive ainsi, *rescissâ usucapione,* est le résultat d'une *restitutio in integrum;* et, en conséquence elle produit, comme nous savons, un recours au profit de l'acheteur, non pas au moyen de l'action directe, mais au moyen d'une action utile [2].

Le premier devoir de l'acheteur, dès qu'il est attaqué, c'est de dénoncer la réclamation qu'on élève contre lui à son vendeur ; *venditori, auctori denuntiare,* ou bien encore *auctorem laudare,* disent les textes [3], en employant un vieux mot qui a la même signification que *nominare* et *citare.* Cette dénonciation a pour but de mettre le vendeur à même d'indiquer à l'acheteur tous les moyens qui doivent assurer sa défense ; si celui-ci néglige de la faire, s'il se présente au procès avec ses seuls renseignements personnels, il doit s'imputer une défaite, qui n'aurait pas eu lieu sans doute, si le vendeur averti lui avait apporté tous les documents et toutes les preuves qui étaient à sa disposition : au surplus, cette témérité est regardée comme un dol, *hoc ipso*

---

[1] *Inst. de Action.,* § 5.—L. 1, l. 2, § 1, l. 23, *Ex quib. caus. major.*
[2] L. 66, § 1, *de Evict.*
[3] L. 59, 63, pr., et 55, § 1, *de Evict.;* l. 6, § 5, *de Act. empt.;* l. 63, § 1, *de Evict.;* l. 7, au Code, *de Evict.*

videtur dolo fecisse, et en conséquence il est déchu de tout recours [1].

La dénonciation doit être faite au vendeur lui-même, sans en excepter le cas où ce serait un esclave : elle ne peut être faite au maître que si l'esclave est décédé [2].—Elle est censée faite au vendeur quand, en sa présence et à sa connaissance, elle est faite à son mandataire [3].—Si le vendeur a laissé plusieurs héritiers il faut dénoncer à chacun d'eux séparément [4].—Mais il suffit que la formalité ait été remplie à l'égard du vendeur, elle n'est pas exigée en ce qui concerne le fidéjusseur [5]; comme il connaît sans doute encore moins les moyens de défense que l'acheteur lui-même, il est tout à fait inutile de l'appeler au débat.

L'obligation de dénoncer cesse pour l'acheteur :

1° S'il en a été dispensé par la convention [6].

2° Si le vendeur est absent [7], et il suffit pour être regardé comme absent de se trouver *extra continentia urbis* [8]. En cas d'absence du tuteur, l'acheteur pourra dénoncer au mineur, quoique seul et non autorisé [9].

---

[1] L. 53, § 1, *de Evict.*—L. 8, au Code, *eod. tit.*
[2] L. 39, § 1, *de Evict.*
[3] L. 56, § 4, *eod. tit.*
[4] L. 62, § 1, *eod. tit.*
[5] L. 7, Code, *de Evict.*
[6] L. 63, pr. *eod. tit.*
[7] L. 55, § 1, *eod. tit.*
[8] L. 199, *de Verb. signif.*
[9] L. 56, § 7, *de Evict.*

3° Si le vendeur vient à se soustraire à la dénonciation, et fait en sorte que l'acheteur ne puisse pas l'accomplir [1].

4° Si de bonne foi l'acheteur n'a pas pu découvrir la demeure du vendeur, quoique rien n'ait été fait pour entraver sa recherche [2].

Aucun délai n'est fixé pour la dénonciation; l'acheteur agira sagement en la faisant dès qu'on l'attaquera, mais il peut valablement la faire à toute époque, *dum tamen ne prope ipsam condemnationem id fiat* [3]. Il faut en effet qu'il reste encore au vendeur un temps suffisant pour préparer la défense; autrement la dénonciation doit naturellement être réputée non avenue. Mais elle pourrait régulièrement se placer entre la *litis contestatio* et la sentence, pourvu toutefois que ce ne soit pas trop près de celle-ci. Cependant nous trouvons dans une loi de Labéon que le légataire d'un esclave *in genere*, évincé de l'esclave que lui a livré l'héritier, en exécution du legs, n'a de recours contre cet héritier que s'il lui a dénoncé le procès *priusquam judicium accipiatur* [4]. Ces expressions de *judicium acceptum* étant ordinairement synonymes de *litis contestatio*, il semble y avoir contradiction entre les deux lois que je viens de citer. Les interprètes l'expliquent en disant que c'est une décision particulière au légataire, et qu'il

---

[1] L. 55, § 1, et l. 56, § 5, *de Evict.*
[2] L. 56, § 6, *eod. tit.*
[3] L. 29, § 2, *de Evict.*
[4] L. 29, § 3, *de Legat.*, 1°.

est tout naturel qu'on se montre plus exigeant pour lui, qui est possesseur en vertu d'une cause lucrative, que pour l'acheteur, qui, au contraire, n'a la chose que parce qu'il en a payé le prix [1].

L'acheteur est-il tenu d'appeler de la sentence qui l'a condamné sous peine de perdre son recours ? La négative ne souffre pas de difficulté si le vendeur, sur la dénonciation qui lui a été faite, est intervenu au débat. Mais le doute arrive pour le cas où le vendeur est resté en dehors du débat, car dans l'espèce de la loi 63, § 1, qui décide que le défaut d'appel n'entraîne pas de déchéance, l'éviction a été prononcée, *venditore præsente.* Certains commentateurs ont pensé que cette circonstance seule motive la décision de la loi citée, et en conséquence ils étaient d'avis que l'acheteur, quand il est seul au débat, est toujours déchu, faute d'avoir appelé. Cujas est d'un sentiment opposé, mais seulement pour le cas où l'éviction a été prononcée selon le droit. Si, au contraire, la sentence qui prononce l'éviction n'est pas fondée en droit, il pense que l'acheteur doit supporter l'éviction qu'il aurait pu empêcher en appelant. Cette opinion me semble complétement confirmée dans ses deux parties par une loi de Modestin qui déclare sans recours l'acheteur qui, pour n'avoir pas suivi son appel, dans le délai voulu, a ainsi perdu une *bonne cause* par sa faute : *bonam causam vitio suo perdidit* [2].

---

[1] V. notamment Pothier, Pandectes, *de Opt. vel elect. leg.*, nᵒ 20, note.—Doneau, *de Evict.*, cap. 5, 12.

[2] L. 63, § 2, *de Evict.*

CHAPITRE III.

Quelle chose doit avoir été évincée.

L'acheteur peut se voir dépouillé, par éviction, de la chose entière qui a fait l'objet de la vente, ou d'une partie de cette chose, ou de ce qui en est resté après son extinction, ou enfin d'une chose qui n'est entrée que comme accessoire dans la vente, ou qui est provenue depuis de l'objet principal.

Dans tous les cas, l'acheteur peut recourir *ex empto* contre son vendeur, mais il n'a pas toujours l'action *ex stipulatu duplæ* : celle-ci n'est ouverte à l'acheteur que dans le cas d'éviction totale ou partielle de la chose même qui fait l'objet principal de la vente.

L'éviction partielle, disons-nous, donne naissance à un recours de l'acheteur, par l'une ou l'autre action, aussi bien que l'éviction totale : *sive tota res evincatur sive pars, habet regressum emptor in venditorem* [1]. Et peu importe la valeur de la partie qui reste à l'acheteur; son action ne pourrait pas être repoussée sous prétexte que cette valeur serait encore supérieure au prix qu'il a payé pour le tout [2]. Il est un cas toutefois où l'éviction partielle ne peut autoriser l'action *ex stipulatu*, qu'autant qu'il en a été

---

[1] L. 1, *de Evict.*
[2] L. 47, *de Evict.*

fait mention spéciale dans la stipulation : c'est dans la vente d'un esclave, *quia non potest videri homo evictus cum pars ejus evicta est*[1]. On aperçoit difficilement la raison de cette exception ; voici celle que présente Doneau, à la suite de Bartole : l'éviction partielle que je subis a pour effet de rendre l'esclave commun entre moi et le tiers qui m'évince ; cela n'empêche pas cependant cet esclave d'acquérir pour moi seul tout ce qu'il acquerra *jussu meo*. En ce sens, c'est comme si l'esclave m'était resté tout entier. L'éviction partielle ne m'autorise donc point à me dire évincé, au moins avec la même évidence que s'il s'agissait de toute autre chose[2].

L'éviction d'un objet particulier, dans les ventes d'universalités, n'est point une éviction partielle, car c'est justement parce que le juge a décidé que l'objet particulier ne dépendait pas de l'universalité vendue que l'acheteur a été évincé.

Mais il ne suffit pas que la chose évincée dépende de la chose vendue pour qu'elle en soit une partie. Il faut de plus qu'elle ne fasse qu'un corps avec elle. Ainsi non-seulement un objet particulier n'est pas une partie de l'hérédité, parce qu'elle existe indépendamment de lui, et qu'elle subsiste tout entière, quoiqu'il ait été évincé ; mais encore les fruits détachés du fonds, le part de l'esclave vendue, ne sont pas une partie de la chose vendue, de même que la

---

[1] L. 56, § 2, *de Evict.*

[2] Doneau, *de Evict.*, cap. 6, n° 2.

barque n'est pas une partie du navire, parce qu'elle ne fait pas une même chose avec lui, *nec quidquam conjunctum habet*[1]. Il en résulte qu'il n'y a d'éviction partielle que lorsque l'éviction a produit un fractionnement de l'unité vendue. Ce fractionnement a toujours lieu, dès qu'on en détache quelque chose, pour les corps *quæ uno spiritu continentur*[2], c'est-à-dire dont la composition est simple, comme du bois, du fer, et dont chaque partie est homogène et conserve le nom du tout. Il n'en est pas de même des corps qui sont composés de choses différentes, mais adhérentes entre elles, comme une maison ou un navire. Ainsi une pierre ou une poutre d'une maison n'en est pas une partie, pas plus qu'une planche n'est une partie du vaisseau[3]. Ce sont seulement des matériaux qui entrent dans la composition de chaque partie. Mais la véritable partie, c'est chaque portion de l'ensemble concourant avec les autres portions à former le tout, comme les murs ou le toit d'une maison, ou le mât ou le gouvernail d'un vaisseau, qui sont comme ses membres, *quasi membra sunt*[4].

Ainsi, pour que l'acheteur puisse agir *ex stipulatu*, il faut qu'il ait été évincé d'une partie homogène, d'une partie intégrante de la chose : tout ce qui n'en dépend que comme partie hétérogène ne peut pas motiver l'exercice de cette action. Il en est de même,

---

[1] L. 44, *de Evict.*
[2] L. 30, *de Usurp. et Usucap.*
[3] L. 36, *de Evict.*
[4] L. 44, *de Evict.*, 1. 242, *de Verb. signif.*

à plus forte raison, de toute chose entrée dans la vente comme accessoire de l'objet vendu, même en vertu de convention expresse. Il est bien vrai, qu'en général, on traite l'accessoire nominativement compris dans la vente, comme l'objet principal lui-même, dont on le considère comme une partie : *quod emptioni accedit, partem esse venditionis prudentibus visum est*[1] *:* mais ces règles sont expressément déclarées inapplicables à la stipulation sur l'éviction[2], et il est évident, au surplus, que l'acheteur ne peut pas intenter l'action pour un accessoire, alors qu'il ne le peut même pas pour une partie hétérogène.

Quand la chose a péri, le vendeur se trouve complétement libéré de l'action *ex stipulatu;* il est vrai que l'acheteur peut encore être évincé de ce qui en reste, ou de ce qui est provenu d'elle ; mais ces sortes d'évictions ne rendent pas exigible la stipulation du double[3], car elle ne s'applique qu'à la chose même qui a été vendue.

Le recours qui dans tous ces cas est refusé à l'acheteur par l'action *ex stipulatu*, lui est au contraire ouvert par l'action *ex empto*. La vente oblige le vendeur à faire avoir à l'acheteur la chose vendue avec tout ce qui la compose, tout ce qui la suit comme accessoire, et enfin tout ce qui est provenu d'elle[4]. En

---

[1] L. 11, § 17, *de Act. empt.* ; l. 31, § 25, *de Ædil. edict.*
[2] L. 16, *de Evict.;* l. 11, § 17, *de Act. empt.*
[3] L. 42 et 43, *de Evict.*
[4] L. 16, *de Evict.;* l. 27, l. 11, § 17, *de Act. empt.*

conséquence, il est garant non-seulement de l'éviction de la chose elle-même, mais encore de toute dé-
pendance quelconque de cette chose : ainsi l'acheteur pourra agir *ex empto* en cas d'éviction d'une
partie hétérogène, ou de ce qui est provenu de la
chose, comme les fruits du fonds ou le part de l'esclave. Pareillement, si l'esclave a acquis une hérédité
à l'acheteur, son nouveau maître, dont celui-ci vienne
à être évincé, après la mort de l'esclave, cette éviction donnera lieu à un recours *ex empto*, contre le
vendeur, car il est obligé de maintenir l'acheteur en
possession de ce qu'il a acquis par l'esclave, aussi
bien qu'il était obligé de le maintenir possesseur de
l'esclave lui-même, tant que celui-ci a vécu [1].

L'usufruit n'est point une partie de la chose, *usus-
fructus non dominii pars ;* c'est seulement une servitude personnelle [2]. Cependant son éviction donne
lieu même à l'action *ex stipulatu*, parce que, lorsqu'il est enlevé à l'acheteur, loin d'avoir cette possession libre et utile à laquelle il a droit, il est privé
d'un de ses plus grands avantages, de sorte qu'il peut
dire : *Rem habere ei non licere*. Aussi en ce sens on
peut regarder l'usufruit comme une partie de la
chose, quoique cela ne soit pas rigoureusement vrai,
usufructus in multis casibus pars dominii est [3]. L'acheteur a aussi, même l'action *ex stipulatu*, et pour la

---

[1] L. 8, *de Evict.*
[2] L. 25, *de Verb. signif.*
[3] L. 4, *de Usufructu et quemadmod. quis est.*

même raison, lorsqu'il est évincé de tout autre droit qui diminuerait l'utilité de sa jouissance comme l'usage ou l'habitation [1].

Au contraire, si quelqu'un vient à prétendre sur le fonds un droit de servitude prédiale, l'acheteur n'a aucun recours pour ce fait contre le vendeur, pas même par l'action *ex empto*. Pourquoi cette différence avec les servitudes personnelles? C'est sans doute parce que ces dernières produisent un droit privatif de la part de celui qui les exerce, de sorte que l'usufruitier par exemple prend tous les fruits, à l'exclusion complète du propriétaire. Au contraire les servitudes prédiales n'empêchent pas l'acheteur d'user et de jouir de la chose vendue : elles ne constituent qu'une manière d'être du fonds, une qualité [2] mauvaise à la vérité pour celui qui en est grevé, mais qui ne vicie pas assez la jouissance de l'acheteur pour qu'il puisse dire : *Rem ei habere non licere*. Il ne reste cependant sans recours qu'autant qu'il n'a été rien dit dans le contrat touchant les servitudes ; car si la liberté du fonds lui a été garantie, ou, ce qui revient au même, s'il lui a été vendu, *ut optimus maximusque*, il pourra justement se plaindre que le fonds ne lui ait pas été livré avec la qualité promise.

Nous savons aussi que la bonne foi oblige le vendeur à ne rien cacher de ce que l'acheteur a intérêt

---

[1] L. 43, 46, 49, 39, § 5. 62, § 2, *de Evict.* ; l. 38, § 3, *de Verb. oblig.*

[2] L. 86, *de Verb. signif.*

à savoir, *circà rem venditam ;* l'existence d'une servitude est une de ces circonstances dont ce dernier doit être averti, et s'il ne l'a pas été, il pourra agir contre le vendeur en raison de son dol. Toutefois la déclaration que le fonds est grevé de telle servitude, n'est exigée, de la part du vendeur, que lorsque l'acheteur en ignore l'existence ; si, au contraire, l'acheteur la connaît, il ne peut plus se plaindre de l'absence d'une déclaration qui ne lui aurait servi à rien : *quia non videtur esse celatus qui scit, neque certiorari debuit qui non ignoravit*[1].

Quand il existe au profit du fonds une servitude active, le vendeur doit également la déclarer. Autrement il s'exposé à être attaqué par l'acheteur, dans le cas où celui-ci viendrait à ne pas l'exercer et la laisserait ainsi s'éteindre par le non-usage, faute de la connaître[2].

Nous verrons plus loin comment l'acheteur, dans ces divers cas, exerce son recours contre le vendeur[3].

---

[1] L. 66, pr. *de Contrah. empt.* ; l. 75, *de Evict.*
[2] L. 1, § 1, *de Act. empt.*
[3] L. 66, § 1, *de Contrah. empt.*

CHAPITRE IV

De l'Exercice et de l'effet des Actions qui naissent de l'éviction.

§ Ier.—*A qui et contre qui sont données ces actions.*

Les deux actions par lesquelles s'exerce le recours en garantie compètent à l'acheteur et à ses successeurs universels, à l'exclusion de ses successeurs particuliers, à moins qu'elles n'aient été spécialement cédées à quelqu'un d'eux.

L'acheteur est celui qui a fait le contrat, et non pas celui dont l'argent a servi à payer le prix [1].

Une fois l'éviction consommée la seule condition mise au recours de l'acheteur, c'est qu'il ait intérêt à ce que l'éviction n'ait pas eu lieu. Son intérêt est évident quand il est lui-même évincé ; et à cet égard il faut écarter, comme par trop subtile, la distinction qui consisterait à rechercher en quelle qualité il a été évincé. Ainsi Primus a vendu un fonds à Secundus, qui, après l'avoir revendu à Tertius, le retrouve dans la succession de ce dernier dont il est devenu héritier. On pourrait douter que Secundus, s'il vient à être évincé, puisse agir contre Primus, car l'éviction sera soufferte non pas par lui, mais par l'hérédité de Tertius qu'il a acquise. Or une telle éviction n'intéresse pas Secundus, en tant qu'acheteur de Primus,

---

[1] L. 6, Code, *de Rei vend.*—L. 8, Code, *Si quis alter. vel. tibi.*

puisque réunissant les deux qualités, il n'a pas à craindre le recours de l'héritier de Tertius : cet héritier, c'est lui Secundus, et il ne peut pas recourir contre lui-même. Par conséquent, pourrait-on dire, Secundus, acheteur de Primus, reste sans action, comme sans intérêt, vis-à-vis de son vendeur, malgré l'éviction de Secundus, héritier de Tertius. Mais on ne doit pas s'arrêter à ces raisons; il faut au contraire reconnaître à l'acheteur le droit d'agir *ex stipulatu* et *ex empto*. Ce qui rigoureusement semblerait empêcher l'action de naître, c'est la confusion qui rend tout recours impossible. Mais elle n'empêche pas qu'il s'établisse comme un compte entre l'héritier et l'hérédité, de sorte que celle-ci est censée augmentée de de tout ce que l'héritier lui doit, et l'héritier censé appauvri d'autant, et *vice versâ*. Ainsi l'hérédité est censée, dans notre espèce, recouvrer sur l'héritier la valeur du fonds dont celui-ci lui devait garantie, et l'héritier de son côté est censé avoir amoindri d'autant son propre patrimoine. Les mêmes raisons de douter et de décider se présentent, si l'on suppose à l'inverse que c'est Tertius, second acheteur, qui est devenu héritier de Secundus, son vendeur, en même temps premier acheteur, ou encore si l'on suppose qu'une même personne a recueilli les deux hérédités du premier et du second acheteur.

Quand l'éviction a été soufferte, non pas par l'acheteur lui-même, mais par un successeur particulier de l'acheteur, l'intérêt et par conséquent l'action de celui-ci ne peut naître que du recours du successeur évincé, recours qui existe ou non, au profit de ce dernier, selon le titre qui le rattache à son auteur. Nous avons vu en commençant quels sont les titres qui obligent à garantie. C'est d'après les règles que nous avons exposées sur ce point qu'on juge quand l'acheteur peut recourir en éviction contre son vendeur : il le peut quand il est lui-même garant envers son successeur évincé, il ne le peut pas quand il ne lui doit pas garantie.

La femme, quand il y a eu simplement *datio dotis*, n'est pas obligée à la garantie de la chose dotale envers son mari ; si donc celui-ci vient à être évincé, il semble d'abord qu'elle ne devrait pas avoir de recours contre son acheteur. Mais plusieurs textes décident le contraire, car, bien que la dot soit dans les biens du mari, seul propriétaire des choses dotales, néanmoins la femme a une dot, et, indépendamment de son droit éventuel à la restitution de cette dot, elle en retire un émolument actuel, par l'emploi des fruits aux besoins communs du ménage. En conséquence elle a intérêt et intérêt actuel à ce que l'éviction n'ait pas lieu ; elle peut donc agir contre son vendeur *ex empto* ou *ex stipulatu*, dès que son mari est évincé [1].

La question devient plus délicate si l'éviction soufferte par le mari porte sur un fonds dotal, donné par le père de la femme ; car si l'on peut dire que la dot appartient à certains égards à la femme, on n'en peut pas dire autant pour le père. Si sa fille est encore sous

---

[1] L, 75, *de Jure dotium.*—L. 22, § 1, *de Evict.*

sa puissance, il doit toujours recouvrer, il est vrai, de quelque manière que la dissolution du mariage arrive, la dot qu'il a donnée, sauf à la conserver si le mariage a été dissous par la mort du mari ou par le divorce, pour le cas où sa fille se remarierait.; mais si sa fille est émancipée, il ne peut recouvrer la dot que dans le cas unique de dissolution du mariage par la mort de la femme. L'intérêt éventuel du père se trouve tellement réduit dans cette dernière hypothèse, qu'il paraît difficile de décider que l'action *ex empto* ou *ex stipulatu* lui est immédiatement ouverte contre son vendeur, c'est-à-dire avant le décès de sa fille. Comment, d'un autre côté, lui refuser l'action ? Indépendamment de son intérêt éventuel, le père ne trouve-t-il pas, dans sa qualité même, dans son titre et son amour de père, un intérêt actuel à voir sa fille conserver sa dot entière ? L'affection paternelle doit nous le faire décider ainsi, *quod magis paterna affectio inducit*[1] ; d'autant plus que ce n'est pas lè seul exemple d'une action accordée sur un simple intérêt d'affection : *Placuit enim prudentioribus affectus rationem in bonœ fidei judiciis habendam*[2].

L'acheteur transmet son droit à la garantie à ses successeurs universels, mais chacun d'eux ne peut agir que dans la limite de son intérêt, c'est-à-dire pour sa part héréditaire[3]. Au contraire, les succes-

---

1 L. 71, *de Evict.*
2 L. 54, *Mandati.*
3 L. 4, § 2, *de Verb. oblig.*

seurs particuliers de l'acheteur ne peuvent pas exercer le recours en garantie de ce dernier, à moins qu'il ne leur ait spécialement cédé ses actions. C'est ainsi que le légataire évincé ne peut pas se retourner contre le vendeur du testateur, sauf toutefois le cas où les actions lui auraient été spécialement cédées, ou bien encore le cas particulier où elles lui auraient été données en gage[1]. Et cependant, s'il est légataire d'un corps certain, il se trouve aussi sans action contre l'héritier, qui ne lui doit pas garantie, de sorte que l'éviction reste complétement à sa charge[2]. Ainsi, l'action en garantie ne peut être exercée que par l'acheteur lui-même, qui a fait le contrat, ses successeurs universels ou le cessionnaire de son action, en vertu de convention spéciale. Il en résulte que, s'il y a eu plusieurs ventes successives, le dernier acheteur ne peut s'attaquer qu'à son vendeur seul, parce que c'est avec lui seul qu'il a contracté, sauf à ce dernier à recourir lui-même contre son auteur ; de sorte que l'éviction nécessite autant de recours différents qu'il y a eu d'aliénations de la chose évincée, obligeant à garantie, sans qu'on puisse en supprimer un seul.

Le recours en garantie se donne contre la personne même qui a fait la vente Celui qui ne fait que consentir au contrat renonce seulement aux droits qu'il pourrait avoir sur la chose, mais ne s'engage pas à

---

[1] L. 59, de Evict.
[2] L. 40, de Evict.

garantir l'éviction[1]. Cependant, s'il est propriétaire d'une partie de la chose, vendue en sa présence et avec son consentement, et s'il en reçoit le prix, il doit être considéré comme vendeur de sa part et comme tel tenu de la garantie[2].

S'il y a plusieurs vendeurs, chacun n'est garant que de sa portion[3], à moins qu'il n'aient promis le double en cas d'éviction, chacun pour le tout[4]. Les héritiers des vendeurs ne sont également tenus que pour leur part héréditaire[5]

Si l'éviction résulte de la poursuite d'un créancier hypothécaire, l'acheteur pourra agir contre chaque héritier pour sa part, bien qu'un ou plusieurs d'entre eux aient acquitté ce qui était à leur charge dans la créance; car l'hypothèque étant indivisible, la chose hypothéquée ne s'est trouvée soustraite pour aucune partie au droit du créancier : en conséquence, les héritiers qui ont payé leur part restent tenus comme les autres envers l'acheteur, sauf leur recours contre leurs co-héritiers par l'action *familiæ erciscundæ*[6].

Quand un débiteur n'exécute pas la condamnation prononcée contre lui, le créancier peut faire établir, par l'ordre du magistrat, sur quelque bien de ce débiteur, un gage appelé dans les textes *pignus ex causâ*

---

[1] L. 158, 160, *de Reg. jur.*—L. 4, § 1, et l. 7, *Quid mod. pign.*
[2] L. 12, *de Evict.*
[3] L. 39, § 2, *de Evict.*
[4] L. 51, § 4, *de Evict.*
[5] L. 85, § 5, *de Verb. oblig.*
[6] L. 65, *de Evict.*

judicati captum, et par les commentateurs *pignus judiciale*. A la suite de cette saisie, la vente est faite par les *apparitores* : il est bien évident cependant qu'ils ne sont pas vendeurs, et que, ne faisant que s'acquitter de leur office, ils ne peuvent pas être tenus de l'éviction[1]. D'un autre côté, le débiteur n'est pas davantage vendeur ; mais il profite de la vente, puisque le prix le libère d'autant. En conséquence, on donnera contre lui une action utile *ex empto*, non pas cependant jusqu'à concurrence de tout l'intérêt qu'aurait l'acheteur à ne pas être évincé, mais jusqu'à concurrence seulement du prix et de ses intérêts, sur lesquels on déduira les fruits perçus et non restitués[2].

Le créancier gagiste ou hypothécaire, à la différence de celui qui poursuit l'exécution d'un jugement, peut vendre lui-même et en dehors de l'autorité du magistrat, la chose affectée à sa créance. Il n'est cependant pas tenu de l'éviction[3] et elle ne l'empêcherait pas même de se faire payer du prix s'il était encore dû[4], car l'acheteur est complétement sans recours contre lui : *Non tenetur nec ad pretium restituendum ex empto actione creditor*[5]. C'est le débiteur seul qui peut être attaqué, *ipse debitor utili*

---

[1] L. 50, *de Evict.*
[2] L. 74, § 1, *de Evict.*
[3] L. 1 et 2, Code, *Creditor. evict. pign.*
[4] L. 68, *de Evict.*
[5] L. 11, § 16, *de Act. empt.*

actione tenetur[1]. Cette action utile, que le texte ne nomme pas et dont il ne détermine pas l'objet, est évidemment l'action *ex empto*, telle qu'elle est donnée contre le débiteur, en cas de vente du *pignus judiciale*, c'est-à-dire réduite à la simple restitution du prix, car dans les deux cas les textes la font reposer sur un fondement analogue. Ici elle est donnée *contrà eum qui pretio liberatus est;* là elle est accordée, *ne ex aliena jactura sibi lucrum adquirat (debitor)*. La limite qui lui est assignée dans un cas doit donc être aussi la même dans l'autre : *Non quanti interest, sed de pretio duntaxat dabitur* [2].

Le créancier répond seulement de deux choses : en premier lieu de l'existence de son droit [3], et en second lieu de son dol, comme par exemple s'il vient à vendre sachant que la chose n'appartient pas au débiteur [4]. Il peut être poursuivi *ex empto* pour ces deux chefs ; mais quand il est réellement créancier, ayant droit de vendre et exempt de dol, il se trouve simplement obligé par la vente à céder tous ses droits à l'acheteur, et à lui livrer la possession s'il est possesseur de la chose [5]. Cependant, bien qu'il ne soit pas garant de l'éviction, la vente le rend encore non-recevable à troubler personnellement la jouissance

---

[1] L. 12, § 1, *de Distract. pign.*
[2] L. 74, § 1, *de Evict.*
[3] L. 1, Code, *Creditor. evict. pign.*
[4] L. 2, Code, *eod. tit. ;* l. 11, § 16, *de Act. empt.*
[5] L. 13, *de Distr. pign.*

de l'acheteur, en vertu de quelque cause que ce soit[1].

Le débiteur qui a donné en gage la chose d'autrui peut être attaqué en dommages-intérêts par son créancier, par l'action *pigneratitia contraria.* Ulpien se demande si l'acheteur, après l'éviction, ne pourra pas se faire céder cette action, et il décide l'affirmative, parce que c'est là une chose équitable et qui ne cause aucun préjudice au créancier[2], de sorte que l'acheteur se trouve avoir deux moyens pour recourir contre le débiteur : l'action *ex empto* utile, et l'action Pigneratitienne contraire du créancier. On ne voit pas trop comment cette cession peut être faite par le créancier, car, le prix de la vente une fois touché, le gage a produit pour lui tout ce qu'il pouvait produire, et l'absence d'intérêt doit avoir éteint son action. Ulpien, sans doute, le considère comme tenu à cette cession par le fait même de la vente : *Creditor qui pignus distrahit, jus suum cedere debet;* de sorte que l'obligation dont il est tenu envers l'acheteur se trouve ainsi avoir conservé et son intérêt et son action.

Il faut, toutefois, pour que le créancier ne soit exposé à aucun recours, qu'il ait vendu le gage, *jure creditoris,* c'est-à-dire en déclarant qu'il agissait simplement en sa qualité de créancier; car s'il n'a rien dit, s'il a vendu *jure communi,* il est tenu comme un

---

[1] L. 10, *de Distract. pign.*
[2] L. 38, *de Evict.*

vendeur ordinaire dont il a joué le rôle. Il en est de même lorsqu'il s'est expressément engagé à garantir l'éviction, sauf son recours par l'action Pigneratitienne contraire contre le débiteur, qui doit s'imputer de lui avoir donné en gage la chose d'autrui. Il peut même répéter le double, s'il a été obligé de le promettre pour arriver à une vente plus avantageuse [1].

§ II.—*Exceptions qui appartiennent à l'acheteur.*

Celui qui a vendu, quand même il ne serait pas garant de l'éviction procédant du fait d'un autre, ne peut pas évincer son acheteur : aussi toute demande du vendeur ou de son ayant cause, ou de quelque autre personne obligée comme lui à la garantie, est repoussée par l'exception *Rei venditæ et traditæ*, ou par l'exception de dol. Ces exceptions peuvent être invoquées non-seulement par l'acheteur et ses successeurs universels, mais par tout successeur particulier auquel il a intérêt qu'elles profitent [2].

Elles peuvent être opposées :

1° Au vendeur, qui, ayant vendu la chose d'autrui la revendiquerait ensuite, sous prétexte qu'il en est devenu propriétaire depuis [3] ; ainsi qu'au débiteur dans le cas de vente d'un gage [4].

---

[1] L. 22, § 4, *de Pignerat. act.*
[2] L. 3, *de Empt. rei vend.*—V. *suprà,* page 51.
[3] L. 1, pr. *de Except. rei vend.,* l. 17, *de Evict.*
[4] L. 13, Code, *de Evict.*

Observons que tout acheteur qui a une possession régulière et non vicieuse peut opposer l'exception, sans qu'il soit indispensable qu'il y ait eu tradition de la part du vendeur. D'un autre côté, celui-ci peut revendiquer la chose, même après l'avoir livrée, si la revendication a une juste cause, par exemple s'il n'est pas payé du prix, et s'il n'a pas suivi la foi de l'acheteur; dans ce cas le vendeur écartera l'exception au moyen d'une réplique [1].

2° A l'héritier du vendeur ou du débiteur, soit qu'il se prétende propriétaire de son chef de la chose vendue par son auteur, soit qu'il prétende que celui-ci en était devenu propriétaire depuis la vente [2].

3° Au successeur particulier du vendeur, comme par exemple un second acheteur, bien qu'il ne succède pas aux obligations de son auteur; car il succède à ses droits et il ne peut pas en avoir plus que lui. Ainsi la tradition à un second acheteur, quoique faite *à domino*, parce que le vendeur est devenu propriétaire dans l'intervalle, ne peut pas valoir contre la tradition au premier acheteur, quoique faite *à non domino*. En effet, le vendeur, de qui le second acheteur tient ses droits, aurait succombé s'il avait lui-même intenté la revendication contre son premier acheteur, ou si, au contraire, jouant le rôle de défendeur, il avait été attaqué par lui, au moyen de la Publicienne. Car c'est en vain, dans ce dernier cas,

---

[1] L. 1, § 5, *de Except. rei vend.*
[2] L. 73, *de Evict.*

qu'il aurait opposé à la demande l'exception *justi dominii;* elle aurait été repoussée par la réplique *rei venditæ et traditæ.* Cette exception, *rei venditæ et traditæ,* anéantit en réalité le domaine acquis par le vendeur postérieurement à la vente, *ac per hoc intelligeret eum fundum vendidisse quem in bonis non haberet;* de sorte qu'il ne lui reste plus de droit qu'il puisse céder à un autre. C'est ce qui fait que le premier acheteur est préféré au second, comme il le serait au vendeur lui-même[1].

4° Enfin l'acheteur peut également repousser le fidéjusseur du vendeur par l'exception de dol. Le fidéjusseur s'est obligé à la garantie avec le vendeur, il s'est fait *auctor secundus,* comme l'appellent les textes [2], et il ne peut pas troubler la jouissance qu'il a promis de fournir[3]. Son obligation passe, selon le droit commun, à ses héritiers qui seraient aussi repoussés par l'exception, s'ils inquiétaient l'acheteur. Beaucoup de commentateurs cependant en ont douté, à cause des termes de la loi 31 au Code, *de Evict.,* qui est un rescrit des empereurs Dioclétien et Maximien, et dont voici le texte : *Hæredem fidejussoris rerum pro quibus defunctus apud emptorem intercesserat pro venditore, factum ejus cui successit, ex suâ personâ dominium vindicare non impedit; scilicet evictionis causa durante actione.* Cujas et Pothier font

---

[1] L. 2 et 3, *de Except. rei vend.*—L. 4, § 32, *de Dol. et met. except.*—L. 72, *de Rei vend.*

[2] L. 4, *de Evict.*

[3] L. 11, Code, *de Evict.*

remarquer avec raison que cette loi ne dit pas que l'exception n'aurait pas pu être opposée. En fait, elle ne l'avait pas été : les empereurs décident que, nonobstant, l'acheteur conserve le droit d'agir *evic-tionis causâ*, contre l'héritier du fidéjusseur, qui l'a évincé ; ce qui était le point douteux ; car on pouvait dire que l'acheteur avait été évincé par sa faute, puisqu'il pouvait éviter l'éviction, précisément au moyen de l'exception qu'il avait omis d'opposer, et qu'en conséquence il se trouvait déchu de son recours. Cette interprétation me semble tout à fait confirmée par une loi de Paul, dans laquelle, parlant de l'héritier du vendeur, il emploie des expressions équivalentes à celles du rescrit, tout en déclarant que l'exception peut lui être opposée. Paul se demande si l'héritier du vendeur peut troubler l'acheteur : *Quœro cum Sempronia ipsa sit hœres Seiœ, an jure controversiam fundorum facere possit?* Et il répond affirmativement : *Jure quidem proprio, non hœreditario, controversiam fundorum facere posse.* C'est le même langage que le rescrit. Paul continuant dit, comme lui, qu'après l'éviction Sempronia, l'héritière pourra être poursuivie comme garant et il ajoute (ce que nous devons sous-entendre aussi dans le rescrit) qu'elle pourra également être repoussée dans sa revendication par l'exception de dol [1].

Chaque héritier du vendeur n'est tenu de l'action de l'acheteur que pour la part qu'il prend dans la suc-

---

[1] L. 73, *de Evict.*

cession ; il en est de même de l'exception : elle ne peut être opposée à l'héritier qui revendiquerait la totalité de la chose comme sienne, que pour sa part héréditaire. Il est vrai que la loi 14 au Code *de Rei vindicatione,* qui le décide ainsi, statue dans l'espèce d'un acheteur qui savait que la chose n'était pas au vendeur ; mais qu'importe ! puisqu'il a toujours droit à la garantie, quant à la restitution du prix, et que même, n'y eût-il droit en rien, il serait toujours fondé à réclamer d'un héritier le maintien du fait de son auteur [1].

L'usage de l'exception est facultatif pour l'acheteur ; il a droit de l'opposer et de s'assurer ainsi le maintien dans la possession de la chose, mais il peut, s'il le préfère, se laisser évincer et exercer ensuite son recours *ex stipulatu,* ou *ex empto.* Et on ne pourra pas lui reprocher de ne pas avoir évité l'éviction, alors qu'il en avait le moyen, car, si en règle ordinaire c'est là une cause de déchéance pour l'acheteur, il ne peut plus en être ainsi quand il est évincé par son garant lui-même [2].

§ III. — *Recours de l'acheteur par l'action* ex empto.

L'acheteur, après la dénonciation faite au vendeur, n'en continue pas moins de rester au procès ; il est indifférent en ce sens que le vendeur l'assiste ou

[1] L. 149, *de Reg. jur.*
[2] L. 17, 18, 19. *de Evict.*

non. C'est l'affaire de l'acheteur qui est soumise au juge, il doit la soutenir et il ne peut exercer son recours contre son garant qu'après le procès terminé et la condamnation exécutée.

Il s'entame alors un second débat qui se poursuit cette fois contre le vendeur, soit par l'action *ex empto*, soit par l'action *ex stipulatu*.

Voyons ce que l'acheteur doit obtenir quand il exerce son recours par l'action *ex empto*.

Jusqu'à Dumoulin, il n'y avait eu qu'une réponse à cette question : le vendeur doit obtenir la réparation du dommage que lui cause l'éviction, dommage qui sera souvent supérieur au prix qu'il a payé, mais qui peut aussi se trouver inférieur, si la chose a été détériorée, ou si elle a subi une dépréciation depuis la vente. C'est en ce sens qu'avaient toujours été entendus les textes qui disent que l'action est donnée *in simplam et hoc quod interest,* ou bien *non ad pretium duntaxat, sed ad id quod interest;* ou qui disent encore : *non enim pretium continet tantum, sed omne quod interest*[1].

Dumoulin a présenté, avec son énergie habituelle, une doctrine différente ; Pothier l'a accueillie et a développé l'explication des textes invoqués par Dumoulin[2]. Enfin l'autorité des auteurs de cette doctrine l'a fait adopter par notre Code civil.

[1] L. 60, 70, 43, *in fine, de Evict.*

[2] Dumoulin. *Tractatus de eo quod interest,* principalement dans les nᵒˢ 68, 69, 147.—Pothier, *Traité de la Vente,* nᵒ 69.

Suivant ces deux grands jurisconsultes, l'action *ex empto* a deux chefs : le premier, que Dumoulin appelle *perpetuum*, est fixe et invariable ; il a pour objet la restitution du prix, qui doit toujours être ordonnée, quelle que soit la diminution qui pourrait être survenue dans la valeur de la chose. Le second, qu'il appelle *casuale*, a pour objet les dommages-intérêts, et il est en conséquence fort variable, à la différence du premier, non-seulement quant à la somme qu'il peut comprendre, mais en ce sens même qu'il entre dans l'action ou qu'il en disparaît, selon que le préjudice éprouvé par l'acheteur est ou non supérieur au prix.

Pothier prétend, pour justifier cette théorie, que le vendeur qui a laissé l'éviction s'opérer ayant manqué par cela même à son obligation, l'acheteur se trouve aussi dégagé de la sienne et peut dès lors répéter le prix et le prix tout entier qui se trouve sans cause dans les mains du vendeur, *condictione sine causâ*. Ce motif, fort contestable dans nos principes actuels, est tout à fait inapplicable au droit romain ; car il suppose sous-entendue dans le contrat la condition résolutoire pour inexécution des obligations, ce qui n'était pas admis dans les principes romains. Voyons cependant si cette doctrine repose sur quelque texte précis et examinons ceux à l'aide desquels on prétend l'établir.

Dumoulin cite comme contenant la distinction qu'il pose, la loi 43, *in fine, de Act. empt.*, et les lois 60, 70 et 74 *de Evict.* Les trois premières de ces lois sont celles dont j'ai cité les expressions plus haut ; et cette prétendue distinction n'en ressort nullement. Elle ne se rencontre pas davantage dans la quatrième ; cette loi statue sur un cas particulier, le recours contre le débiteur dans la vente du *pignus judiciale*, et elle borne tout naturellement le recours de l'acheteur au prix qui a servi à libérer le débiteur, et au delà duquel il ne peut pas être tenu, puisqu'il n'est pas vendeur. Il n'y a donc rien à conclure de cette loi relativement à la distinction dont parle Dumoulin.

Mais Pothier croit cette distinction clairement établie dans la loi 43 *de Act. empt.*, parce qu'elle dit que l'action *non pretium continet tantum, sed omne quod interest emptori.* Selon lui, cette loi doit être entendue ainsi : l'action ne contient pas seulement la restitution du prix, —*qui est toujours due,*—mais de plus les dommages-intérêts pour le préjudice souffert par l'acheteur. Et il en est de même, suivant Pothier, des autres lois qui emploient des expressions analogues.

Pour admettre un pareil sens, qui ne s'établit qu'en ajoutant aux lois qu'on interprète, il faudrait pouvoir s'appuyer sur quelqu'autre texte qui vienne le confirmer. C'est le contraire qui arrive, et la fausseté de cette interprétation est démontrée par d'autres passages fort clairs, qu'on ne parvient pas à obscurcir, malgré bien des efforts. Ainsi Paul, dans la loi **70**, après ces premiers mots auxquels nous renvoie Dumoulin : « *Evicta re ex empto, actio non* *ad pretium duntaxat recipiendum, sed ad id quod interest competit,* » Paul ajoute immédiatement la conséquence qu'il faut en tirer : « *Ergo et, si minor esse cœperit, damnum emptoris erit.* » En vain Dumoulin et Pothier prétendent que cette dernière réflexion du jurisconsulte ne s'applique qu'aux dommages-intérêts ; outre que rien n'indique dans la loi cette distinction dès lors inadmissible, l'expression de *damnum* employée par le jurisconsulte ne peut s'appliquer qu'au cas où le recours est devenu, comme la chose, *minor pretio.*

Il existe un autre passage de Paul, qui est aussi clair et qu'on essaye encore, mais en vain, d'écarter par la même réponse : « *Minuitur prœstatio, si servus deterior apud emptorem effectus sit, cum evincitur* [1]. »

Enfin l'objet unique de l'action *ex empto* ne peut pas être mieux précisé que dans la loi suivante, qui est un rescrit adressé à un vendeur évincé : « *Quanti* « *tua interest rem evictam non esse, teneri, non quan-* « *tum pretio nomine dedisti, si aliud non placuit, pu-* « *blice notum est* [2].» Pothier est obligé de dire que le texte doit s'entendre comme s'il y avait *non solum quantum pretii,* c'est-à-dire d'ajouter au texte pour le besoin de sa cause.

Pothier cherche aussi à repousser l'argument décisif que l'on peut tirer de la loi 66, § 3, *de Evict.,* qui fixe ainsi l'objet du recours d'un co-partageant

---

[1] L. 45, *de Act. empt.*
[2] L. 13, Code, *de Evict.*

évincé : « *Ut quanti sua interest actor consequatur ; scilicet ut melioris aut deterioris agri facti causa, finem pretii, quo fuerat tempore divisionis æstimatus, deminuat vel excedat.* » La raison qu'il donne pour rejeter cette loi, c'est que le recours du co-partageant se régit par d'autres principes que celui du vendeur : or, cette différence, qui existe bien en droit français, Pothier, se séparant en cela de Dumoulin, dit un peu plus loin [1] qu'il pense qu'elle n'existe pas en droit romain ; de sorte que, de son aveu même, le motif qu'il donne précédemment pour repousser la loi se trouve inadmissible.

Ainsi l'ancienne doctrine qui ne reconnaît qu'un seul chef à l'action *ex empto* me paraît surabondamment établie par les textes. L'acheteur ne peut jamais demander que la réparation du préjudice que lui a fait éprouver l'éviction : si donc la chose se trouve détériorée ou diminuée de valeur , ou si elle a péri en partie comme lorsque le fleuve a emporté plusieurs arpents du fonds, la perte est à sa charge, *damnum emptoris est* ; et il ne peut demander que la valeur actuelle de la chose, bien qu'elle soit inférieure au prix qu'il a payé ; si au contraire elle est supérieure, il sera indemnisé complétement, et son action ne sera pas bornée *ad pretium duntaxat,* mais elle s'étendra *ad omne quod interest,* sauf la limitation que nous établirons plus loin.

Ce n'est pas seulement l'augmentation de la chose

---

[1] Pothier, *Traité de la Vente,* n° 632.

elle-même telle qu'elle a été vendue qu'il faut prendre en considération pour fixer les dommages-intérêts : il faut y joindre l'accroissement, les accessoires et les produits dont l'acheteur se trouve en
même temps dépouillé ; ainsi, il faut comprendre
dans l'estimation l'alluvion qui a augmenté le fonds,
l'usufruit qui est venu se joindre à la nu-propriété
depuis la vente, le part de l'esclave, l'hérédité que
l'esclave a acquise à l'acheteur, en faisant addition
d'après le *jussus* de son maître [1].

On doit encore faire entrer dans le *id quod interest*
de l'acheteur la restitution de fruits qu'il a été
obligé de faire au propriétaire. Cette restitution comprend tous les fruits qu'il a perçus ou que le propriétaire aurait pu percevoir, à compter de l'époque
où il a su que la chose était à autrui [2] ; s'il est resté
de bonne foi jusqu'au procès, il fait compte seulement des fruits perçus depuis la *litis contestatio*, et
parmi les fruits perçus avant, de ceux qui n'avaient
point encore été consommés. Du moins tel était le
dernier état du droit [3], car il est fort probable qu'au
temps de la jurisprudence classique, le possesseur de
bonne foi gardait, comme dans notre droit français,
tous les fruits perçus avant la *litis contestatio*, sans
distinction entre les fruits *exstantes* et les fruits *con-
sumpti*.

L'acheteur peut avoir fait des dépenses pour la

---

[1] L. 51, § 3, l. 8, l. 16, pr., *de Evict.*

[2] l. 62, § 1, *de Rei vindic.*—L. 48, § 1, *de Adquit. rel. dom.*

[3] L. 22, Code, *de Rei vindic.*

conservation ou l'amélioration du fonds. Les premières qui sont des dépenses nécessaires, sans lesquelles la chose aurait péri, lui sont toujours remboursées par le propriétaire. Les secondes lui sont également remboursées, quand il était de bonne foi lorsqu'il les a faites, dans la limite de la plus-value qu'elles ont produite ou de la somme qu'il y a employée, si elle est moindre que la plus-value. Si elles ont été faites à une époque où il n'était plus de bonne foi, Ulpien lui en refuse le recouvrement que Julien penchait à lui accorder ; son droit se borne alors à enlever ce qui est susceptible de l'être, sans dommage pour le fonds. C'est la seule chose aussi qu'il puisse exiger, même quand il a fait les dépenses de bonne foi, dans le cas où le revendiquant, vu sa pauvreté, ne pourrait pas les acquitter, et où il serait trop dur de l'empêcher de recouvrer sa chose qu'il tient à reprendre et à garder, par exemple parce que c'est un bien de famille [1].

Quand il y a à la fois, et des fruits perçus et gagnés par l'acheteur avant la *litis contestatio*, et des dépenses qu'il réclame, il s'établit une compensation, et c'est seulement l'excédant des dépenses sur les fruits qui doit être remboursé par le propriétaire : de cette manière, l'acheteur tient compte de ce que la possession de la chose lui a fait gagner, de même qu'il répète ce qu'il a dépensé pour elle. Lui, qui, en réclamant contre le propriétaire, se fonde sur ce

---

[1] L. 27, § 5, 37, 38, *de Rei vindicat.* — L. 22, l. 5, au Code, *eod. tit.*

principe d'équité qu'on ne doit pas s'enrichir aux dépens d'autrui, doit subir la compensation des fruits, au nom de ce même principe [1].

L'acheteur obtient le remboursement de ses dépenses, au moyen d'une exception de dol qu'il oppose au revendiquant. Il doit être très-attentif à s'en servir, car, s'il venait à l'omettre, il ne pourrait pas recourir à ce sujet contre son vendeur. Celui-ci le repousserait, en lui disant que c'est par sa faute qu'il n'a pas obtenu ses dépenses du propriétaire lui-même.

Mais si les dépenses ne lui ont point été remboursées, bien qu'il ait opposé l'exception de dol, ou si elles ne lui ont été remboursées qu'en partie, ou encore si elles ont été compensées avec les fruits, l'acheteur pourra répéter contre son vendeur leur acquittement total ou complémentaire, mais toujours dans la limite de la plus-value, car la perte de ce qui excède cette plus-value ne provient pas de l'éviction.

L'exception de dol étant le seul moyen pour l'acheteur d'obtenir ses dépenses de celui qui l'évince, il en résulte que cela lui devient impossible, lorsqu'ayant perdu la possession, il se trouve jouer le rôle de demandeur, et qu'il succombe dans la revendication contre le propriétaire en même temps possesseur. Le vendeur doit alors l'indemniser complétement. Il en est de même dans le cas ou l'acheteur a fait des dépenses pour l'instruction de l'esclave qui lui a été

[1] L. 48, *de Rei vindicat.*

vendu, et qui ensuite a réclamé et obtenu sa liberté[1].

Cependant il faut apporter à tout ce que nous venons de dire le tempérament suivant : si la plus-value donnée à la chose est telle que le vendeur n'ait jamais pu penser à une somme si considérable, *veluti si ponas agitatorem postea factum, vel pantomimum eum qui minimo vœniit pretio;* il serait inique, dit Paul, d'obliger le vendeur dans une trop forte mesure[2]. Et Africain précise davantage en disant : « *Cum et forte mediocrium facultatum sit, et non ultra duplum periculum subire eum oportet[3].* » Ainsi le double que le vendeur se savait exposé à payer devient la limite de son obligation.

Mais ce tempérament ne s'applique qu'au vendeur de bonne foi. Celui qui a vendu sciemment la chose d'autrui ne saurait être ainsi ménagé. Il est tenu pour le tout de la plus-value à quelque somme qu'elle s'élève. Il ne peut pas non plus reprocher à l'acheteur d'avoir omis l'exception de dol, au moyen de laquelle il pouvait réclamer ses dépenses au revendiquant. L'acheteur peut négliger cette exception et s'adresser directement au vendeur de mauvaise foi, qui doit l'indemniser : « *In omnibus tamen his casibus, si sciens quis alienum vendiderit, omni modo teneri debet[4].* »

Le vendeur ne pourrait pas éviter le recours de l'acheteur en lui offrant simplement la chose même

---

[1] L. 45, § 1, *de Act. empt.*
[2] L. 43, *in fine, de Act. empt.*
[3] L. 44, *de Act. empt.*
[4] L. 45, § 1, *de Act. empt.*

qui lui a été enlevée par l'éviction, car il faut de plus qu'il l'indemnise du dommage qu'elle lui a fait éprouver; mais s'il offre en même temps cette indemnité, il peut repousser par l'exception de dol l'action *Judicati* de l'acheteur[1].

Quand l'éviction n'est que partielle, on suit les mêmes règles, en ce qui concerne les dommages-intérêts et l'estimation de la partie évincée, que s'il s'agissait d'une éviction totale. Seulement si elle porte sur une partie déterminée, si elle a lieu *pro diviso*, il est inutile d'estimer le fonds entier : on estime seulement ce qui est enlevé à l'acheteur *pro bonitate hujus partis*. Il y a éviction partielle, même lorsque l'acheteur conserverait encore la mesure déclarée par le vendeur ; ainsi quelqu'un a livré un champ qu'il a dit contenir cent arpents, mais qui en réalité en contenait davantage, d'après les limites qu'il a lui-même montrées : si quelque partie comprise entre ces limites vient à être enlevée à l'acheteur, il pourra agir en éviction, quand bien même il conserverait encore cent arpents[2].

Quand l'éviction porte sur l'usufruit, l'estimation ne peut se référer à la chose elle-même, mais aux fruits qu'elle produit. Tout naturellement alors elle se fait *pro bonitate fructuum*.

Si l'éviction porte sur un accessoire ou un reste de la chose, l'estimation a lieu suivant leur valeur au temps de l'éviction.

[1] L. 67, *de Evict.*—L. 15, *de Dol, et met. except.*
[2] L. 45, *de Evict.*

L'acheteur à qui l'existence d'une servitude, ou d'une autre charge, comme un tribut ou une redevance quelconque, a été dissimulée, poursuit la répétition du dommage qui en résulte pour lui, par l'action *ex empto*[1]. Il peut agir également par cette action quand le fonds se trouve grevé d'une servitude, alors qu'il lui a été vendu comme libre, *ut optimus maximusque*; mais il a de plus, dans ce dernier cas, l'action *œstimatoria* ou *quanti minoris*, en vertu de cette disposition de l'Edit des Ediles, par laquelle ils promettent action, *si adversus quod dictum promissumve fuerit, quum vœniret, fuisset*[2]. C'est ce que nous voyons par un texte d'Ulpien : « *Quoties de servitute agitur, victus tantum debet prœstare quanti minoris emisset emptor, si scisset hanc servitutem impositam*[3]. » D'après cette loi, il semblerait même que l'acheteur, toutes les fois qu'il agit *de servitute*, ne peut user que de l'action estimatoire, ou du moins qu'il doit obtenir seulement *quanti minoris emisset*. Cependant cette loi ne me paraît pas exclure la possibilité pour l'acheteur d'obtenir le *id quod interest* en agissant *ex empto*. On ne voit pas en effet en vertu de quelle disposition de l'édit l'acheteur pourrait intenter l'action Edilitienne au cas où la servitude lui aurait été cachée. On voit au contraire qu'il peut agir *ex empto* non-seulement dans ce cas, mais encore lorsque le fonds a été déclaré libre, bien

---

[1] L. 1, § 1, l. 41, l. 13, § 6, *de Act. empt.*
[2] L. 1, *de Ædil. edict.*
[3] L. 61, *de Ædil. edict.*

qu'alors il ait l'action *quanti minoris* [1]. Il doit donc pouvoir obtenir *ex empto* tout le *id quod interest*, qui peut être supérieur au *quanti minoris emisset* [2]. Cette opinion me semble confirmée par une loi de Paul, qui, en se servant des mêmes expressions qu'Ulpien, se réfère pour l'estimation à l'époque du trouble, ce qui ne peut s'appliquer qu'à l'action *ex empto* : « *Sed et si servitus evincatur quanti minoris ob id prædium est, lis æstimanda est* [3]. » Paul, au lieu de baser la condamnation sur ce que l'acheteur aurait payé de moins, s'il avait connu la servitude, comme cela a lieu dans l'action *quanti minoris*, prend au contraire pour base la dépréciation actuelle qui en résulte pour le fonds, c'est-à-dire le dommage éprouvé, ou le *id quod interest* de l'action *ex empto*.

§ IV. — *Recours de l'acheteur par l'action* ex stipulatu.

L'action *ex stipulatu* a pour objet une quantité certaine, une somme fixe, déterminée d'avance et qui ne varie point. Ainsi peu importe l'état de la chose au moment de l'éviction, le tort éprouvé par l'acheteur; elle n'en tient pas compte, comme l'action *ex empto*. Elle a pour but la poursuite de la

---

[1] L. 1, § 1, l. 35, *de Act. empt.*

[2] V. Doneau, *de Evict.*, cap. 6, n° 11.

[3] L. 15, § 2, *de Evict.*—Cette loi porte *servus* au lieu de *servitus* qu'il faut lire, suivant la correction de Cujas. — *Observat.*, lib. II. cap. xx.

somme promise, qui est ordinairement le double, et non pas la poursuite des dommages-intérêts de l'acheteur ; ou plutôt cette somme les comprend invariablement, comme un véritable forfait. Ainsi elle ne peut ni s'élever quand le préjudice est supérieur, ni s'abaisser quand il est moindre.

L'action n'est ouverte, nous le savons, que lorsqu'il y a éviction totale ou éviction d'une partie homogène, ou encore de l'usufruit : elle ne l'est pas lorsque l'éviction porte seulement sur une partie hétérogène, un accessoire, un produit, ou un reste de la chose.

En cas d'éviction totale, l'objet de l'action est facile à fixer ; si la stipulation est du double il s'agit tout simplement de doubler le prix. Si un fonds a été vendu à tant l'arpent, il y a autant de ventes que d'arpents dans le fonds et si l'acheteur vient à être évincé d'une partie, on doublera le prix de chacun d'eux autant de fois que l'éviction comprend d'arpents, sans avoir égard à leur qualité, quand bien même ils seraient les meilleurs.[1]

Quand l'acheteur a déjà obtenu quelque chose du vendeur, en raison d'une éviction partielle, de l'existence d'un vice ou d'une charge, ou d'un défaut de contenance, on doit en faire diminution sur le prix lorsque survient l'éviction totale, car autrement il se trouverait toucher plus que le montant de la stipulation, ce qui ne peut pas être.[2]

---

[1] L. 53, *de Evict.*
[2] L. 48, *de Evict.*

Avant d'examiner comment on détermine le montant de la condamnation en cas d'éviction partielle, voyons d'abord le cas plus simple d'éviction de l'usufruit. Ici on comprend qu'il faut une estimation, car la proportion pour laquelle l'usufruit entre dans le prix ne se trouve pas déterminée d'avance. On l'établit en prenant pour base le produit annuel, *pro bonitate æstimatio facienda est*[1]. Il faut évidemment ajouter, quoique le texte ne le dise pas, que le produit sur lequel doit porter l'estimation est celui de la chose au temps de la vente, et non pas au temps de l'éviction.

Quand il y a éviction partielle, il faut distinguer, pour fixer la somme à doubler, si l'éviction porte sur une partie aliquote, comme un tiers, un quart, une *pars pro indiviso*, ou au contraire sur une partie déterminée, distincte du surplus, une *pars pro diviso*.

Au premier cas il n'y a pas d'estimation à faire : « *Pars est quota non qualis*, dit Cujas, *pars est sine qualitatibus*. » La quantité enlevée à l'acheteur lui donne droit à une quantité égale de la *stipulatio duplæ*; s'il est évincé d'un quart, par exemple, il demande aussi le quart de la somme stipulée.

Au contraire, s'il y a éviction d'une *pars pro diviso*, il faut nécessairement déterminer pour combien elle est entrée dans le prix, car toutes les parties d'un fonds n'ont pas le plus ordinairement la même valeur. Le recours n'a plus lieu *pro quantitate evictæ*

---

[1] L. 15, § 1, *de Evict.*

partis, mais *pro bonitate loci* [1]. La ventilation à faire
doit être basée sur l'état du fonds à l'époque de la
vente, et non pas à l'époque de l'éviction : en effet
ce n'est qu'en procédant ainsi qu'on peut arriver à
établir une proportion sûre entre la valeur comparée
de la partie évincée et de la partie qui reste à l'acheteur, car leur valeur respective a pu se modifier depuis la vente. Le résultat de cette opération indique
pour quelle fraction la partie évincée a été comprise
dans la vente, et l'on n'a plus qu'à la doubler pour
fixer ce qui revient à l'acheteur.

En se reportant pour l'estimation, quand on est
obligé de la faire, au temps de l'éviction, on se conforme au principe qui veut qu'on ne tienne aucun
compte des augmentations ou de la dépréciation qui
sont le fait du temps ou de l'acheteur lui-même. On
ne prend pas davantage en considération les produits
ou les accessions, quand il y en a eu, comme lorsque
le fonds s'est trouvé agrandi par alluvion. En est-il
de même lorsqu'il vient a être diminué, et faut-il assimiler la perte partielle aux détériorations ? ou bien
ne faut-il pas dire plutôt que la perte partielle réduit
l'action de même que la perte totale l'anéantit ? Papinien résout la question par une distinction : La
perte partielle est prise en considération, quand l'é-
viction est partielle : elle diminue alors le recours
de l'acheteur et se trouve en conséquence rester à sa

[1] L. 1, 1. 13, 1. 14, *de Evcct.*

charge ; au contraire on n'en tient pas compte quand l'éviction est totale : dans ce cas elle retombe sur le vendeur qui est tenu du double, sans déduction.

Cette distinction paraît difficile à justifier : elle résulte cependant très-clairement, comme nous allons le voir, de la fameuse loi *Ex mille* (1. 64, *de Evict.*), où Papinien pose quatre espèces qu'il décide avec une subtilité et une brièveté, qui ont singulièrement exercé les interprètes et donné lieu à de bien longs commentaires.

La première espèce est celle-ci : « *Ex mille jugeribus traditis ducenta flumen abstulit. Si postea pro indiviso ducenta evincantur, Duplæ stipulatio pro-parte quinta, non quarta præstabitur, nam quod periit damnum emptori, non venditori attulit.* »

Rendons-nous bien compte des droits du tiers qui évince. Il enlève à l'acheteur, sur le fonds réduit par la perte partielle à 800 arpents, 200 arpents *pro indiviso*, c'est-à-dire un quart ; il était donc propriétaire par indivis avec le vendeur, pour un quart, et il aurait obtenu 250 arpents, si sa demande avait eu lieu alors que le fonds contenait 1,000 arpents. Il s'agit de savoir quelle partie de la somme stipulée l'acheteur pourra demander. Est-ce un quart ? Non, c'est seulement un cinquième, car il n'a été évincé que d'un cinquième des 1,000 arpents vendus. Il est bien vrai que, si le fonds ne s'était pas trouvé diminué, il aurait été évincé de 50 arpents de plus, c'est-à-dire d'un quart ; mais leur perte n'équivaut pas à leur éviction pour obliger le vendeur. Il n'en répond pas plus que des 150 autres, qui forment avec eux les 200 arpents emportés par le fleuve ; *nam quod periit damnum emptori, non venditori, attulit.*

Ainsi, dans cette première espèce, où il s'agit d'éviction partielle, Papinien fait retomber sur l'acheteur la perte partielle, et il réduit, en proportion, son recours contre le vendeur. En cela, il est conséquent avec les règles de la matière qui veulent que le vendeur soit complétement libéré par la perte totale.

Mais il s'en écarte, et de plus il se met en opposition avec lui-même, dans sa seconde espèce. Là, il examine le cas d'éviction totale, et il assimile alors la perte partielle aux simples dégradations, en décidant qu'elle ne diminue pas l'obligation du vendeur :

« *Si totus fundus quem flumen diminuerat evictus sit jure, non diminuetur evictionis obligatio ; non magis quam si incuria fundus aut servus traditus deterior factus sit. Nam e contrario non augetur quantitas evictionis, si res melior fuerit effecta.* »

Papinien ne nous donne pas la raison de cette dernière décision opposée à la première, et il me paraît impossible d'en apporter une bonne. Il est bien vrai que le fonds vendu était tout entier à autrui ; mais il ne suffit pas, pour rendre la stipulation exigible, que la chose soit sujette à éviction ; il faut qu'elle ait été réellement évincée. Or ce n'est pas le fonds tout entier, tel qu'il a été vendu, qui a été évincé, mais le fonds diminué par le fleuve ; il est donc contraire aux principes d'obliger le vendeur à toute la somme stipulée, sans diminution aucune. Néanmoins l'autorité de Papinien a entraîné la plupart des interprètes à accueillir sa distinction comme fondée, et à lutter de subtilité pour la défendre. Dumoulin en particulier l'approuve fort, et il témoigne de son admiration pour la loi *Ex mille* tout entière : « *Jam vides omnia plana pulchrè... nec minus æquitatis quam subtilitatis luce conspicua, et in summo Papiniano auctore digna* [1]. » La raison qu'il donne pour la justifier, c'est que, lorsque la stipulation est rendue exigible pour partie seulement, il est juste que cette partie soit limitée à ce qui a été réellement enlevé par l'éviction ; au contraire, quand tout le fonds est évincé, la stipulation ouverte pour le tout ne peut recevoir aucune déduction : « *Toto vero residuo jure et nomine totius evicto, verba stipulationis verificantur in toto, quia totum residuum est totus fundus, et totus evincitur* [2]. » Pothier observe avec justesse que cette raison a plus de subtilité que de solidité [3].

La troisième espèce posée par Papinien est celleci : un fonds de 1,000 arpents est vendu par une personne qui n'en était propriétaire que pour les quatre cinquièmes, indivisément avec le cinquième restant. Ce fonds est augmenté, par alluvion, de 200 arpents, de sorte qu'il se trouve en avoir 1,200. Survient l'éviction du cinquième appartenant à autrui. Quelle partie de la somme stipulée sera due ? Le cinquième seulement, bien que l'éviction enlève à l'ache-

---

[1] *Tractatus de eo quod interest*, n° 117.
[2] Même traité, n° 113.
[3] Pothier. *Vente*, n° 155.

teur 240 arpents, qui font plus du cinquième de 1,000. Le vendeur, en effet, ne lui doit garantie que jusqu'à concurrence de cette dernière partie, c'est-à-dire de 200 arpents; car les 40 arpents d'excédant n'ont été évincés qu'en raison de l'augmentation produite par l'alluvion, augmentation dont on ne tient pas compte dans l'action *ex stipulatu duplæ*.

La quatrième espèce est plus compliquée : le même fonds de 1,000 arpents est d'abord diminué de 200 arpents, puis augmenté de 200 arpents également, par une alluvion qui se forme sur une autre partie du fonds. Survient encore l'éviction d'un cinquième par indivis, c'est-à-dire de 200 arpents. Pour combien sera tenu le vendeur? Voici ce que décide Papinien : « *Dixi consequens esse superioribus ut neque pars quinta mille jugerum, neque quarta pars debeatur evictionis nomine, sed perinde teneatur auctor, ac si de octingentis illis residuis sola centum sexaginta fuissent evicta; nam reliqua quadraginta quæ universo fundo decesserunt, pro rata novæ regionis esse intelligi.* » Le vendeur ne doit ni le quart, ni le cinquième de la somme stipulée, et cela est parfaitement conséquent avec les principes de la première et de la troisième espèce. Il ne doit pas le quart, bien que 200 arpents soient le quart des 800 qui restaient après la perte partielle, parce qu'ils ne font pas le quart des 1,000 qui ont été vendus, comme nous l'avons vu dans la première espèce.—Il ne doit pas non plus le cinquième : pourtant le cinquième de 1,000, nombre des arpents vendus, est bien de 200, nombre des arpents évincés ? Oui, mais l'éviction a porté sur un fonds composé de 800 arpents d'un côté, dont le vendeur devait garantie, et de 200, d'un autre côté, dont le vendeur ne devait pas garantie, comme provenant de l'alluvion ; cette *nova regio* a fourni à l'éviction un cinquième de sa contenance, c'est-à-dire 40 arpents, qu'il faut déduire des 200 arpents évincés, conformément à ce que nous avons vu dans la troisième espèce. Reste donc 260 arpents, pour lesquels le vendeur se trouve tenu à $\frac{160}{1,000}$ ou à $\frac{4}{25}$ de la somme stipulée.

DROIT FRANÇAIS

NOTIONS PRÉLIMINAIRES

L'éviction provient souvent, sinon exclusivement,
de ce que le vendeur n'était pas propriétaire de la chose
vendue ; en recherchant les règles de la garantie due à
l'acheteur évincé, nous avons par conséquent à traiter
de l'un des effets ou du moins de l'une des suites de la
vente de la chose d'autrui. Il est bon de s'arrêter un
instant à la cause, c'est-à-dire aux principes qui régissent cette vente elle-même dans la doctrine du Code.
A cet égard, il parle un langage bien différent des
lois romaines, et tandis qu'Ulpien dit qu'on peut sans
nul doute vendre la chose d'autrui, l'art. 1599 déclare que cette vente est nulle. En prenant cet article à la lettre, on croirait qu'il existe entre les deux
législations une différence bien plus grande que celle
qui les sépare réellement. A Rome, la vente ne

transportait pas la propriété par elle-même : elle n'obligeait pas davantage le vendeur à la transférer; elle l'obligeait seulement à faire avoir à l'acheteur la possession paisible de la chose vendue. Ainsi l'effet du contrat était uniquement de créer contre le vendeur une obligation qui pouvait parfaitement avoir pour objet la chose d'autrui. Seulement, si le vendeur savait que la chose ne lui appartenait pas et s'il n'en avait pas averti l'acheteur, celui-ci pouvait l'attaquer en raison du préjudice qu'il éprouvait à ne pas devenir propriétaire.

Les rédacteurs du Code, après avoir posé le principe que la propriété se transférait par le seul consentement, ont aussi pensé qu'il fallait que la vente obligeât à rendre l'acheteur propriétaire immédiatement et dès qu'elle serait réalisée. Ils ont voulu éviter l'inconvénient qu'ils trouvaient dans la position d'un acheteur romain, forcé de se contenter d'une possession qui pouvait à chaque instant lui être enlevée, et restant sans action contre son vendeur, même après avoir acquis la certitude que la chose était à autrui, tant qu'il ne pouvait pas se dire évincé. Cette position leur semblait avec raison contraire au but de la vente, qui devait être, selon eux, la transmission de la propriété. En conséquence, ils ont voulu que l'acheteur, dès qu'il découvrirait que le vendeur n'était pas propriétaire, pût immédiatement l'attaquer en restitution du prix et en payement des dommages-intérêts qui lui seraient dus. Telle est du moins, à ce que je crois, l'interprétation qu'il faut donner à leur pensée, car ils se sont servis de termes bien différents pour l'exprimer. Préoccupés sans doute du nouveau principe qu'ils voulaient poser en faisant de la vente un contrat translatif de propriété, ils ont oublié qu'elle restait en même temps un contrat productif d'obligations, et, se trouvant en présence d'un cas où l'acheteur ne pouvait pas devenir propriétaire, ils ont dit : « La vente de la chose d'autrui est nulle » (art. 1599). — Cette rédaction vicieuse a donné lieu à des interprétations diverses et assez confuses sur les effets de la vente faite par un non-propriétaire.

Un premier point certain, c'est que l'article ne peut pas être pris à la lettre; il ne peut pas signifier que la vente est sans aucune existence légale et ne produit aucun effet entre les parties. Un pareil sens est repoussé par les termes de l'article lui-même, qui ajoute : « Elle peut donner lieu à des dommages-« intérêts lorsque l'acheteur a ignoré que la chose « fût à autrui. » On peut encore moins expliquer cette nullité dont parle l'article, en disant avec M. Troplong, qu'elle a pour effet « d'empêcher la « propriété de passer sur la tête de l'acquéreur, « de l'obliger à rendre la chose au véritable proprié-« taire et de donner à celui-ci le droit de revendi-« cation[1]. » Cette explication a échappé au savant jurisconsulte, qui savait fort bien qu'aucun législateur n'a jamais eu ni pu avoir l'idée de dépouiller le

---

[1] M. Troplong. *Vente*, n° 235.

véritable propriétaire au profit de celui qui achète à *non domino*.

Le seul et véritable sens de notre article, c'est la faculté donnée à l'acheteur de ne pas rester lié par une vente qui ne lui transfère pas la propriété, de refuser de prendre livraison de la chose et de payer son prix, ou de se faire rendre le prix en restituant la chose. C'est une sorte d'action rédhibitoire que le Code lui donne et dont il est libre d'user ou non. Et à cet égard, il ne distingue pas entre l'acheteur trompé et celui qui savait que la chose était à autrui ; tous deux ont droit de répudier une vente qui ne les rend pas propriétaires et qui manque ainsi son véritable but. Mais l'acheteur de bonne foi peut seul réclamer des dommages-intérêts ; l'acheteur de mauvaise foi n'y a pas droit, car il n'a pas été trompé. Si le vendeur vient à acquérir la propriété, ou si sa succession passe au propriétaire, ou s'il obtient de lui une ratification, l'obstacle qui s'opposait à l'irrévocabilité de la vente disparaît, elle est consolidée *ex post facto*, et l'acheteur devenu propriétaire n'est plus fondé à la critiquer ; c'est un point qui est admis par la majorité des auteurs et des arrêts.

Il résulte de tout ce qui précède que le vendeur de la chose d'autrui reste complétement et absolument obligé comme tout autre vendeur. J'y mets pourtant la restriction suivante : S'il n'a pas encore livré la chose, il peut se refuser à la remettre à l'acheteur, pour la restituer au véritable propriétaire ; l'acheteur n'a aucun intérêt à insister, car si la chose lui était livrée, il serait immédiatement évincé par le propriétaire. Tout ce qu'il peut demander, c'est le payement des dommages-intérêts qui lui sont dus; exiger la chose elle-même, ce serait entraver sans aucun profit une restitution qui est un devoir impérieux pour le vendeur, et commettre dès lors un acte d'opiniâtreté voisin de l'injustice, qu'on ne doit pas tolérer. Le même motif ne se présente plus après la délivrance : le vendeur ne serait fondé ni en équité, ni en droit, à réclamer la chose pour la rendre ; s'il veut restituer, il n'a plus qu'à avertir le propriétaire, qui revendiquera contre l'acheteur.

En résumé, la vente de la chose d'autrui a pour effet de donner à l'acheteur une sorte d'action en résiliation ou en rédhibition, mais les obligations du vendeur restent les mêmes que dans une autre vente ; spécialement en ce qui concerne la garantie de l'éviction, elle reste due dans la mesure et avec les règles ordinaires. Nous trouverons pourtant certains points, mais très-exceptionnels, sur lesquels l'art. 1599 peut avoir son influence ou produire tout au moins des doutes sur la solution [1].

Notre législation s'est également écartée du droit romain en un point qui domine toute la matière de la garantie, et qu'il importe d'examiner tout d'abord, pour être prêt à en faire ensuite l'application en connaissance de cause. Je veux parler du double objet qu'elle a reconnu dans l'action en garantie : en cela elle a suivi la doctrine créée par Dumoulin et adoptée ensuite par Pothier, d'après laquelle on distingue en effet dans l'action en garantie deux chefs. Le premier chef, que Dumoulin appelle *caput perpetuum*, est fixe et invariable; il comprend le prix dont la restitution est toujours due, quelle que soit la dépréciation subie par la chose au temps de l'éviction. Le second chef, que Dumoulin appelle *caput casuale*, comprend les dommages-intérêts; il varie dans son montant, suivant le préjudice causé, et il disparaît même tout à fait de l'action, si la répétition du prix a complétement indemnisé l'acheteur du préjudice qu'il a souffert. Cette division était inconnue au droit romain, qui bornait l'action *ex empto* a un objet unique, la réparation du dommage causé par l'éviction, de sorte que le chiffre de la condamnation pouvait quelquefois descendre au-dessous du prix lui-même. C'est précisément là le point de différence avec notre Code, qui n'admet pas que le recours de l'acheteur évincé puisse être jamais inférieur au prix.

Dumoulin et Pothier ont pourtant prétendu faire sortir leur doctrine du droit romain lui-même. Je crois avoir démontré que les textes qu'ils citent, en y ajoutant et en les torturant, ne la contiennent nullement, et que de plus elle est clairement réfutée par d'autres textes [1]. Mais voyons, en dehors des lois romaines, quels principes ils lui donnent pour base.

Dumoulin invoque avec énergie le sens commun et l'équité. Ils exigent impérieusement, selon lui,

---

[1] V. *suprà*, page 78 et suiv.

que l'acheteur ait toujours le droit de répéter le prix qu'il a payé : *Et hoc etiam ipsa naturalis justitia sensusque communis dictant..... Cur tu, cum non esses dominus nilque juris haberes, lucraberis dimidiam partem pecuniæ meæ, cum jacturâ meâ, prætextu deteriorationis etiam casualis? Cur qui non dominus et alium decipit versabitur in lucro, deceptus vero in damno? Cur non potius, tanquam tota re evicta, totum pretium non repetam.....? ut nos ex vero sensu legum et viva æquitate sentimus et evicimus* [1].

Pothier donne à ce sentiment d'équité, si vivement exprimé, une formule juridique. Il fonde le droit de l'acheteur à la répétition intégrale du prix, malgré la dépréciation de la chose, sur la résolution de la vente qu'il fait résulter de l'éviction, en vertu de ce principe que les contrats synallagmatiques sont soumis à une condition résolutoire tacite, pour le cas où l'une des parties manquerait à ses engagements. Cette condition se trouve réalisée, suivant lui, par l'éviction; car le vendeur manque à son obligation de maintenir à l'acheteur la possession irrévocable de la chose vendue. La vente étant résolue, le prix ne doit plus rester entre les mains du vendeur pour aucune partie, car il y resterait sans cause; il peut donc toujours être répété en entier, *condictione sine causâ* [2].

Domat ne s'était pas rangé, comme l'avait fait plus

---

[1] Dumoulin, *Tractatus de eo quod interest*, 68.
[2] Pothier, *Vente*, n⁰ˢ 69 et suivants.

tard Pothier, à la nouvelle théorie de Dumoulin ; il était resté fidèle aux anciens principes. Toutes les fois que la valeur de la chose, au temps de l'éviction, est inférieure au prix de vente, il veut que l'acheteur ne puisse « recouvrer que la valeur présente, lors- « qu'il est évincé, car ce n'est qu'en cette valeur « présente que consiste la perte qu'il souffre ; et « comme la diminution qui avait précédé regardait « l'acheteur, il ne doit pas profiter de l'éviction [1]. »

Caillet, professeur de Poitiers, qui était également resté dans la doctrine ancienne, objectait avec raison que la nouvelle théorie était tout à fait contraire au principe que la chose vendue est aux risques de l'acheteur, et suivant lequel on doit lui laisser supporter la diminution de valeur de même qu'on le fait profiter de la plus-value. En agissant autrement, on lui ouvre un recours supérieur à la perte qu'il souffre, ce qui ne semble pas juste, et on arrive à cette conséquence bizarre, repoussée par Domat, qu'on le fait « profiter de l'éviction, » qui devient ainsi une circonstance heureuse pour lui. Caillet trouvait aussi, comme nous le rapporte Pothier, que les raisons d'équité, données par Dumoulin, ne pouvaient au surplus s'appliquer qu'au vendeur de mauvaise foi. Lui seul en effet trompe l'acheteur ; quant au vendeur de bonne foi, on ne peut avoir tout au plus qu'une faute légère à lui reprocher, si même elle ne disparaît pas complétement dans bien des cas ; et cela

---

[1] Domat, *Lois civiles. Vente,* sect. x, n° 14.

ne suffit pas pour justifier la position qu'on lui fait, en élevant d'une part son obligation à tout le montant de la plus-value, et en refusant d'autre part de la réduire à la valeur de la chose, quand elle a diminué.

Si les raisons d'équité données par Dumoulin peuvent être justement critiquées, la raison de droit donnée par Pothier me paraît loin d'être plus inattaquable. Quand le vendeur a livré la chose, et l'a livrée exempte de vices, la seule obligation qui lui reste à remplir, c'est de garantir de l'éviction ; or, c'est cette obligation dont l'exécution est demandée par l'acheteur qui exerce son recours par suite de l'éviction ; il l'exerce en vertu de la vente, par l'action produite par la vente, dans la mesure et les conditions réglées par les conventions particulières de la vente, il agit en qualité d'acheteur contre son garant en qualité de vendeur, en un mot il demande l'exécution du contrat ; comment peut-on dire dès lors que le contrat est résolu ? N'est-ce pas plutôt en ce moment que le contrat est surtout vivant, si l'on peut ainsi parler ? Son existence est-elle jamais plus manifeste et plus active que lorsqu'il produit cette obligation de garantie qui est comme le fondement, l'autorité comme on disait à Rome, sur laquelle repose la vente, à tel point que Cujas va jusqu'à dire que, sans elle, la vente n'existe pas : *Hæc vero est* ROBUR ET AUCTORITAS *venditionis, ut re jure judicioque evicta emptori, emptor regressum habeat ad auctorem suum, id est venditorem, et emptori venditor auctoritatis nomine teneatur. Alio-*

quin sine ista auctoritate nulla emptio venditio est [1]. »
Ce qu'il y a de certain au moins, c'est que la garantie
est le seul effet de la vente, dans le cas où elle est faite
*a non domino : Si venditor dominus non fuit, tantum
evictionis nomine venditorem obligat* [2]. Le vendeur se
trouve obligé nécessairement et directement à indemniser l'acheteur de l'éviction. On le voit, cette prétendue résolution du contrat au moment où il produit
un effet qui est presque de son essence, qui est le seul
attaché à certaines ventes, ne peut véritablement pas
se soutenir ; aussi Pothier, qui la met en avant pour
les besoins de la cause, l'oublie immédiatement après
pour mettre à la charge de l'acheteur évincé la perte
partielle, en diminuant la restitution du prix propor-
tionnellement à cette perte. Il traite ainsi la perte
partielle d'une manière toute différente de la dépréciation et des détériorations ; et il démontre contre
lui-même que la prétendue résolution de la vente
n'existe pas, car permettre au vendeur de retenir du
prix une part proportionnelle à la perte, c'est reconnaître que, malgré l'éviction, le contrat n'est pas
résolu.

Concluons en disant : le motif d'équité sur lequel
Dumoulin fonde le droit invariable de l'acheteur à la
répétition intégrale du prix, est loin d'être aussi exact
qu'il l'affirmait ; la raison de droit donnée par Pothier
ne saurait être admise, car elle est contraire à la vérité des principes.

---

[1] Cujas, *Paratitla*, ad lib. VIII, Code, 44, *de Evict.*
[2] L. 14, § 1, *de Act. empt.*

Quoi qu'il en soit, l'article 1631 a consacré la doctrine de Dumoulin et de Pothier; faut-il en conclure que le Code regarde la vente comme résolue par l'éviction? Je ne le pense pas, car si le Code a formellement et souverainement réglé que l'acheteur a droit, dans tous les cas, à la répétition entière du prix, il ne s'est pas approprié de la même manière les motifs de Pothier, qui doivent en conséquence continuer à être rejetés, puisqu'ils sont inexacts.

Dans les principes du Code la doctrine de l'art. 1631 se justifie mieux que dans les principes anciens. Quand l'éviction procède de la revendication du propriétaire, le Code déclarant nulle la vente de la chose d'autrui, l'acheteur réclame son prix entier comme payé sans cause, puisque la vente n'est pas valable. C'est une sorte de *condictio sine causa* qu'il intente contre le vendeur, et l'on ne peut pas dire qu'il profite de l'éviction, car, quand bien même elle n'aurait pas eu lieu, il aurait pu agir contre son vendeur, dès qu'il aurait appris que la chose était à autrui, et il aurait obtenu la restitution entière de son prix. Mais cette justification théorique de notre article ne peut pas s'étendre aux autres espèces d'éviction, par exemple à l'éviction par un créancier hypothécaire.

Le droit romain avait été obligé de distinguer lui-même le prix des dommages-intérêts dans le cas de clause de non-garantie ou de connaissance par l'acheteur du danger de l'éviction ; mais il ne l'avait fait que pour limiter à la restitution du prix le *maximum* du recours ouvert à l'acheteur ; d'après le Code, au contraire, cette distinction est générale, elle fait du prix l'objet invariable du recours de l'acheteur dans les deux cas que je viens de citer, et, pour tous les autres, elle en fait un *minimum*, au-dessus duquel ce recours peut toujours s'élever, sans jamais pouvoir s'abaisser au-dessous.

Ainsi nous aurons toujours à distinguer dans toutes les parties de notre matière la restitution du prix et les dommages-intérêts : je me servirai souvent pour cette distinction du langage de Pothier et de Dumoulin, et j'emploierai avec eux, pour plus de commodité, les expressions de premier chef et de second chef de l'action *ex empto* ou de l'action en garantie.

Nous trouvons dans le droit romain beaucoup de décisions qui sont applicables à notre matière en droit français ; mais il faut remarquer que la division de l'action en deux chefs nous oblige à recourir non-seulement aux règles de l'action *ex empto*, mais même à celles de l'action *ex stipulatu*. Cette dernière était une action *stricti juris*, et il semble étonnant que nous ayons à lui demander des règles, au lieu de nous contenter de celles de l'action *ex empto*, qui était une action de bonne foi, nous qui n'en connaissons pas d'autres. Cela tient à la ressemblance qui existe entre le premer chef de notre action en garantie et l'action *ex stipulatu*. Il a comme elle un objet fixe, invariable et déterminé d'avance, et de plus cet objet est le même, sauf qu'à Rome il était en général doublé. Il en résulte une communauté ordinaire de principes, en ce qui concerne les choses dont l'éviction doit donner lieu à la répétition du prix. A tous les autres points de vue et pour tout ce qui regarde le second chef de notre action en garantie, les règles qu'on peut emprunter au droit romain sont plus spécialement celles de l'action *ex empto*.

CHAPITRE PREMIER.

De la nature de la Garantie et de ses modifications.

La tradition ne consomme pas l'obligation du vendeur; il reste tenu de maintenir l'acheteur en possession de la chose vendue ou de l'indemniser si elle vient à lui être enlevée : cette obligation constitue ce que l'on appelle la garantie.

Elle existe de droit dans la vente; elle est tout à fait de sa nature : elle n'est pas cependant de son essence et les parties peuvent la modifier comme elles l'entendent. Elles peuvent même l'écarter complétement suivant la disposition de l'article 1627. Il faut cependant remarquer qu'alors le contrat se trouve modifié à la fois dans sa nature et dans son objet : dans sa nature, parce qu'il devient une sorte de contrat aléatoire; dans son objet, parce que ce n'est plus précisément la chose elle-même qui est vendue, mais la prétention incertaine du vendeur à cette chose.

La garantie, étant de droit, n'a pas besoin d'être

stipulée dans le contrat ; il en résulte que la clause générale de garantie ne produit ordinairement aucun effet, à moins qu'il n'apparaisse, par quelque autre disposition particulière ou par l'ensemble et les circonstances du contrat, que les parties ont voulu étendre par là l'obligation du vendeur sur quelque point spécial. Ainsi la clause par laquelle le vendeur se porte garant de tous troubles et évictions quelconques, n'ajoute rien à son obligation, parce qu'on l'entend naturellement des évictions dont il doit garantir l'acheteur, d'après le droit commun : l'acheteur ne pourrait pas prétendre que, vu sa généralité, elle lui assure un recours même pour les évictions qui n'obligent pas ordinairement le vendeur, par exemple, pour l'éviction qui provient du fait du prince.

L'extension de la garantie ne peut donc résulter que d'une manifestation certaine de la volonté des parties, et non pas d'une simple clause de style. — On appelle garantie de fait cette garantie qui est produite par les clauses extensives du contrat, par opposition à celle qui est établie par la loi, qu'on appelle garantie de droit.

Les parties peuvent, non-seulement obliger le vendeur à répondre des évictions qui, de droit commun, ne sont pas à sa charge, mais encore étendre son obligation de garantie à des choses qu'elle ne comprend pas d'ordinaire, convenir par exemple qu'il sera garant de l'existence des servitudes, même apparentes, qui pourraient grever le fonds. Enfin, l'acheteur pourrait valablement se faire promettre, à titre de dommages-intérêts, une somme supérieure à celle qui lui serait due d'après le droit commun (art. 1126).

Nous verrons que l'acheteur qui connaissait, lors de la vente, le danger de l'éviction, n'a droit qu'à la restitution du prix ; une stipulation formelle de garantie aurait pour effet de compléter son recours, en y adjoignant les dommages-intérêts ordinairement dus. Ce point ne peut pas faire plus de difficulté que ceux qui précèdent ; car ce n'est qu'une manière d'étendre la garantie qui rentre parfaitement dans les termes de l'article 1627. Mais, en pareil cas, comme dans tout autre, je pense qu'on ne doit pas se contenter d'une simple clause de style ; il faut qu'il apparaisse que les parties ont voulu *ajouter à l'obligation de droit,*—comme le dit notre article.

Pothier refuse tout effet à la clause de garantie dans le cas qui nous occupe, si elle a été surprise par l'acheteur qui connaissait seul le danger de l'éviction, et qui n'en a pas averti le vendeur ; celui-ci est fondé dans ce cas, selon Pothier, à repousser la demande de l'acheteur évincé pour tout ce qui excède la restitution du prix, par la raison qu'il n'aurait pas consenti à l'insertion de la clause déloyalement obtenue, s'il avait connu le danger auquel elle l'exposait[1]. Cette décision n'est point rapportée, au moins en général, par les auteurs qui ont écrit sur le Code civil : elle est pourtant très-conforme à l'équité, et

---

[1] Pothier, *Vente,* n° 191.

rien, dans les principes du Code, ne venant la contre-
dire, il me semble qu'elle doit toujours être suivie.

La règle que les parties peuvent diminuer ou même
faire disparaître complétement l'obligation de garantie, reçoit une exception en ce qui concerne le fait
personnel du vendeur : il en reste toujours tenu malgré ce qui pourrait avoir été dit dans le contrat, et
toute convention contraire est nulle. Sous ce rapport,
la garantie est essentielle dans la vente : « Car il serait
« contre les bonnes mœurs, dit Domat, que l'acheteur
« pût manquer de foi[1] » ; la loi ne peut pas lui
fournir le moyen de préméditer et de couvrir à l'a-
vance un dol, *illud nulla pactione effici potest, ne dolus
præstetur*[2]. L'article 1628 ne distingue pas entre le
fait antérieur et le fait postérieur à la vente, de sorte
qu'à le prendre à la lettre, le vendeur ne pourrait
jamais se dégager de la responsabilité qui prendrait
sa source dans un fait personnel, quelque moyen
qu'il ait employé pour y arriver. Cette distinction
doit être évidemment suppléée. La disposition de la
loi ne peut s'appliquer dans toute sa rigueur prohi-
bitive qu'au fait postérieur à la vente : il est impossible, en effet, qu'aucun fait de ce genre devienne
impunément la cause d'un trouble quelconque pour
l'acheteur, quand bien même on l'aurait nommément
et spécialement désigné pour tenter de l'excepter
de la garantie. Mais il n'en est pas de même du fait
postérieur à la vente : il ne peut pas être écarté de la

---

[1] Domat. *Lois civiles, Vente*, sect. x, n° 8.
[2] Paul, l. 27, § 3, *de Pactis*.

garantie par une clause générale, parce qu'il y aurait
dol de la part du vendeur qui le connaît à ne pas en
avertir son acheteur ; mais le dol disparaît, et la restriction à la garantie devient valable, s'il y a eu déclaration expresse et spéciale du fait dès à présent accompli. Ainsi, le vendeur peut parfaitement convenir
qu'il ne sera pas tenu des suites de l'hypothèque qu'il
a consentie pour la dette d'un autre, sur le fonds vendu,
et la déclaration par laquelle il fait connaître cette hypothèque à l'acheteur équivaut même à une clause de
non-garantie. L'acheteur est averti, il achète en connaissance de cause ; sous ce rapport, il n'a rien à reprocher au vendeur, pas plus que sur les suites du fait
déclaré, puisque, ce fait étant accompli, ses conséquences ne sont plus désormais au pouvoir du vendeur. Rien n'empêche donc que l'acheteur le prenne
à sa charge ; Pothier l'aurait certainement décidé
ainsi, — car s'il laisse subsister la garantie des faits personnels, nonobstant la clause de non-garantie, c'est
qu'il serait « contre la bonne foi que le vendeur, qui
« ne peut ignorer son propre fait, exposât l'acheteur aux
« évictions qui peuvent arriver par son fait *sans le lui
déclarer* [1]. » M. Faure, dans son rapport au Tribunat,
exprimait la même idée : « Il serait contre toute jus-
« tice de souffrir que le vendeur profitât de sa fraude,
« et contre toute raison de présumer que l'ache-
« teur a bien voulu lui permettre de le tromper im-
« punément [2]. » Concluons-en avec certitude que

---

[1] Pothier, *Vente*, no 184.
[2] Fenet, l. 14, p. 165.

l'article 1628 doit être entendu avec la distinction que nous faisons.

Nous arrivons aux clauses et aux faits qui restreignent ou qui détruisent complétement l'obligation de garantie. Rappelons-nous qu'elle a deux objets : la restitution du prix et les dommages-intérêts. Ce dernier chef peut être écarté plus facilement que le premier, car la dispense de restitution du prix, supprimant tout à fait la garantie, ébranle fortement la nature ordinaire de la vente : en conséquence, elle ne doit être admise que lorsqu'il est très-clairement établi qu'elle a été dans l'intention des parties.

Le vendeur est libéré du second chef de l'action en garantie, c'est-à-dire des dommages-intérêts :

1° Quand il y a eu clause de non-garantie ;

2° Quand l'acheteur a eu connaissance, lors de la vente, du danger de l'éviction.

Le Code a suivi la doctrine romaine sur l'effet du pacte de non-garantie ; il lui refuse comme elle l'effet de dispenser le vendeur de la restitution du prix, parce que la bonne foi ne se prête pas facilement à ce qu'il garde le prix, tandis que l'acheteur perd la chose [1].

La loi, en déterminant la portée de la stipulation de non-garantie, ne distingue pas si elle a eu lieu au moyen d'une clause générale ou d'une clause spéciale, exceptant seulement telle ou telle espèce d'éviction. Nous savons pourtant qu'il y avait eu des

---

[1] V. *suprà*, page 17.

doutes, sur l'assimilation de ces deux genres de clauses, parmi les interprètes du droit romain ; les Glossateurs et d'autres docteurs, cités et refutés par Bruneman, Covarruvias, Fachinée , attribuaient l'effet d'une libération complète à la clause spéciale de non-garantie [1] : Doneau paraît aussi avoir professé cette opinion [2]. Mais l'opinion contraire avait toujours prévalu. Elle est enseignée par Pothier, et l'art. 1629, par cela même qu'il ne distingue pas, ne permet pas de renouveler les anciens doutes. C'est donc à tort que M. Duranton fait résulter, comme nous le verrons bientôt, de la simple déclaration du danger de l'éviction, qui ne peut pas avoir plus d'effet qu'une clause spéciale de non-garantie, la décharge complète du vendeur, même quant à la restitution du prix.

La connaissance que l'acheteur avait, lors de la vente, du danger de l'éviction est le second fait qui libère le vendeur de l'obligation des dommages-intérêts. Cela résulte de l'art. 1599, qui n'accorde de dommages - intérêts à l'acheteur que lorsqu'il a ignoré que la chose fût à autrui. Cet argument *a contrario* est encore fortifié par l'effet important qui est attaché par l'art. 1629 à la circonstance que l'acheteur a connu le péril de l'éviction. Au surplus, le doute sur ce point n'est pas possible, car nous savons que dans notre ancien droit, basé en cette matière sur le droit romain, la difficulté qui

---

[1] V. *suprà*, page 30.
[2] Doneau, *de Evict*, cap. II, n°s 13 et 14.

s'élevait ne consistait pas à savoir si le vendeur, en cas pareil, était libéré des dommages-intérêts, mais s'il n'était pas de plus libéré de tout recours en garantie, même pour la restitution du prix. Le plus grand nombre des commentateurs adoptait cette dernière décision : Voët et Pothier décidaient le contraire, et en pratique la répétition du prix était le plus souvent ordonnée, si l'on en croit Mornac dans son commentaire sur le § 18 de la loi 11, *de Act. empt.* : *Textus in prima parte quotidianus est ut semper restitui debeat pretium re evicta*, *atque hoc fere in omnibus servamus*, *cum summa sit æquitas... Summota subtilitate legis si fundum* [1]. C'est cette théorie qui a été adoptée par le Code; il accorde un recours à l'acheteur qui a connu, lors de la vente, le danger de l'éviction, mais il le borne à la répétition du prix.

Ainsi l'acheteur ne peut pas réclamer de dommages-intérêts, lorsque, par exemple, il est évincé par un créancier dont il connaissait l'hypothèque. Toutefois cela n'est vrai que lorsque le vendeur n'est pas personnellement tenu de la dette pour laquelle l'hypothèque a été constituée, soit qu'elle émane d'un précédent propriétaire, soit qu'elle ait été consentie par le vendeur lui-même pour la dette d'un autre, et sans engagement personnel au payement de la dette. Mais si l'hypothèque garantit

---

[1] Mornac cite un arrêt de partage sur ce point rapporté par Louët (et rappelé par Pothier, *Vente*, n° 188, *in fine*) : il cite, en outre, un arrêt de 1548, ordonnant la restitution du prix.

une dette personnelle au vendeur, il reste garant des suites qu'elle peut avoir, malgré la connaissance que l'acheteur a eue de cette hypothèque. Il ne pourrait même pas s'en affranchir par une convention formelle, car il demeure toujours et malgré tout garant de son fait personnel. En vain dira-t-on que c'est un fait antérieur à la vente, qu'il peut mettre à la charge de l'acheteur, en le lui faisant loyalement connaître. Il n'y a ici d'antérieur que la constitution de l'hypothèque; l'éviction qu'elle produit est un fait postérieur que le vendeur reste maître d'empêcher, dont il peut et dont il doit faire disparaître la cause en payant la dette. L'éviction procède donc d'un fait du vendeur postérieur à la vente, fait négatif, il est vrai, mais dont il doit répondre aussi bien que d'un fait positif, car il était doublement obligé à acquitter sa dette et envers son créancier et envers son acheteur, qu'il doit maintenir dans une possession assurée et exempte de tous les troubles qu'il peut prévenir. Qu'on ne dise pas que l'acheteur a dû penser que la dette pourrait n'être pas payée : ce langage pourrait sans doute être tenu par tout autre, mais il serait inconvenant de le permettre au vendeur. Et, au surplus, on ne détruirait pas la raison que je donnais à l'instant : il serait contre la bonne foi que le vendeur pût, sans être soumis à toute la rigueur de la garantie, laisser s'accomplir une éviction qu'il avait le devoir et le moyen d'empêcher[1].

[1] M. Duranton, *Vente*, n° 261. — *Contra*, M. Marcadé, sur l'article 1629, VI.

Toutefois il faut modifier cette solution par un tempérament qui me semble à la fois conforme à l'équité et aux principes du droit. « A l'impossible nul n'est tenu, » et cette maxime ne peut jamais mieux être invoquée qu'en une question qui repose tout entière sur la bonne foi. Si l'acheteur savait, lors de la vente, que le vendeur était dans l'impossibilité d'acquitter la dette hypothécaire, il ne pourrait pas prétendre à des dommages-intérêts, parce qu'il savait par là qu'il ne serait pas au pouvoir du vendeur d'empêcher l'éviction. Et encore cette première circonstance ne serait pas suffisante à elle seule, il faudrait de plus que la position du vendeur ne se trouvât pas meilleure au temps de la demande du créancier ; en effet, si le vendeur avait à cette dernière époque les moyens de payer, il y aurait dol de sa part à ne pas le faire, et il serait tenu à tous les dommages-intérêts, nonobstant ce qui se serait passé lors de la vente, et quand bien même il y aurait eu clause expresse de non-garantie, parce qu'on ne peut pas convenir *ne dolus præstetur.*

La restriction, produite par la connaissance que l'acheteur a eue du danger de l'éviction, s'efface, et la garantie reprend son étendue ordinaire, quand l'acheteur a eu soin de se la faire expressément promettre dans le contrat : nous avons déjà vu ce point.

Il nous reste à remarquer que le Code, pas plus que le droit romain [1], et pas plus que Pothier [2], ne

---

[1] V. *suprà*, page 32.
[2] Pothier, *Vente*, nᵒ 187.

met aucune différence entre le cas où l'acheteur a
connu le péril de l'éviction par une déclaration du
vendeur, ou par toute autre circonstance extérieure.
Seulement, dans ce dernier cas, comme cette connaissance ne doit pas se présumer, ce sera tout naturellement au vendeur à prouver qu'elle existait chez
l'acheteur, de sorte que sa libération partielle se
trouve moins assurée. Mais cette difficulté de preuve
ne change pas le droit. A quoi bon une déclaration? elle ne peut rien apprendre à celui qui sait
déjà : *neque certiorari debuit qui non ignoravit*. Je
ferai cependant sur cette assimilation une observation purement de détail et de pratique, et qui n'affai-
blit en rien son principe : quand le vendeur soutient
qu'il a vendu, non pas une chose, mais plutôt une
prétention incertaine aux risques et périls de l'acheteur, et sans garantie d'aucune sorte, la circonstance
qu'il y a eu déclaration pourra être un des éléments
de décision conforme du juge, élément qui ne se rencontrerait pas ou qui se rencontrerait difficilement
et avec beaucoup moins de force dans la simple connaissance que l'acheteur aurait eue du danger de
l'éviction.

Mais, quant à leur effet propre et particulier, la
déclaration et la connaissance extrinsèque, avertissant l'acheteur aussi bien l'une que l'autre, modifient
de la même manière son recours, c'est-à-dire qu'elles
le réduisent également à la restitution du prix. Cependant l'assimilation de ces deux faits est niée plus
ou moins complétement par les auteurs qui ont écrit

depuis le Code, sauf M. Marcadé [1]. Ainsi M. Duranton donne à la déclaration plus de force qu'à la clause de non-garantie elle-même ; selon lui, la déclaration anéantit complétement l'obligation de garantie, et dispense même l'acheteur de la restitution du prix [2]. MM. Duvergier et Zacharie n'accordent pas une semblable puissance à la déclaration, mais ils pensent qu'elle seule peut libérer le vendeur des dommages-intérêts, dans le cas particulier d'éviction par un créancier hypothécaire ; ainsi, il ne suffirait pas que l'hypothèque ait été *connue*, il faudrait qu'elle ait été *déclarée* [3]. M. Troplong exige aussi la déclaration, mais seulement lorsque le vendeur lui-même est débiteur de la dette hypothécaire [4] (cas où la garantie ne peut pas, selon nous, recevoir de restriction). Ainsi ces trois derniers auteurs, qui établissent, en combattant M. Duranton, que la déclaration n'a pas plus d'*efficacité* que la connaissance extrinsèque, et qu'elle restreint seulement la garantie sans la détruire, veulent en même temps que la déclaration ait plus d'*étendue* et puisse seule modifier la garantie, quand il s'agit d'hypothèques ou de certaines hypothèques. Toutes ces distinctions ne peuvent se soutenir en présence des textes du Code, pour peu surtout qu'on se reporte pour les interpréter à la doctrine de Pothier et du droit romain. Je crois que

[1] Marcadé, sur l'art. 1629, vi.
[2] Duranton, nos 261-262.
[3] Duvergier, no 319.—Zacharie, t. II, p. 525.
[4] Troplong, nos 418, 446, 477.

l'exagération plus ou moins considérable qui a été attribuée aux effets de la déclaration du vendeur, vient de ce qu'on ne s'est pas rendu un compte exact de ce que l'art. 1626 entend *par charges non décla- rées lors de la vente*, ainsi que des principes particu- liers de la garantie des charges réelles. C'est ce que j'essayerai de démontrer, lorsque nous nous occupe- rons de cette dernière matière.

Voyons maintenant quels sont les conventions et les faits qui détruisent complétement la garantie, même quant à son premier chef.

La vente peut avoir pour objet la chose livrée elle- même, ou la prétention incertaine, les droits plus ou moins bien fondés que l'acheteur croit avoir sur elle. Au premier cas, la bonne foi ne permet pas que le vendeur garde le prix alors que l'acheteur a perdu la chose : *Nec enim bonæ fidei contractus hanc patitur conventionem ut emptor rem amitteret et venditor pretium retineret* [1]. Au contraire la répétition doit être naturellement écartée toutes les fois que la vente a eu pour objet une prétention incertaine sur la chose, car alors elle « est semblable à celle d'un coup de filet [2]. » Mais ce caractère aléatoire ne peut pas être facilement reconnu dans la vente, quand le contrat présente la chose elle-même comme en fai- sant l'objet, et non pas les droits incertains préten- dus par l'acheteur. Aussi la loi ne libère le vendeur

---

[1] L. 11, § 18, *de Act. empt.*
[2] Pothier, *Vente,* n° 186.

de la restitution du prix, aussi bien que des dommages-intérêts, que dans les trois cas suivants :

1° Quand il y a convention expresse, portant que
ce prix lui-même ne pourra pas être répété ;

2° Quand l'acheteur, connaissant le danger de
l'éviction, a néanmoins laissé insérer la clause de
non-garantie (art. 1629) ;

3° Quand la vente est faite aux risques et périls
de l'acheteur (même article).

Le premier cas ne se trouve pas nommément indiqué dans la loi, mais il est clair que la clause qui
dispense le vendeur de restituer le prix équivaut à
celle que la vente est faite aux risques et périls de
l'acheteur. « Si l'on se veut exempter de rendre le
« prix, dit Loyseau, faut dire : sans garantie ni res
« titution de deniers. » C'est aussi ce que décidait
l'arrêt du xviᵉ siècle dont parle Mornac, et que
j'ai déjà cité : .....*restituendum semper esse pretium
nisi aliud nominatim convenerit, Joannes Lucius...
judicatum testatur.*

Le second cas présente la réunion de deux faits
qui, pris isolément, ne peuvent effacer que la seule
obligation aux dommages-intérêts : joints ensemble,
ils libèrent complétement le vendeur de toute espèce
de recours. En effet, il y a lieu de penser, lorsque
l'acheteur connaît le danger de l'éviction, que s'il
laisse insérer une clause de non-garantie, c'est qu'il
entend prendre sur lui tous les risques de l'avenir ;
d'autant plus que, si la clause n'avait pas cet effet,
elle n'en aurait aucun. Les parties n'auraient pas eu

besoin de la comprendre au contrat, car l'acheteur, connaissant le danger de l'éviction, avait déjà perdu tout droit aux dommages-intérêts. Cette décision n'est pas une innovation du Code ; elle ne se trouve cependant pas dans Pothier, ni dans nos anciens jurisconsultes français : elle appartient à Voët, dans lequel les rédacteurs du Code l'ont prise [1].

Un arrêt de la Cour de Douai en fait l'application dans une espèce où la clause de non-garantie était accompagnée de la connaissance, par l'acheteur, du danger de l'éviction, acquise en dehors de l'acte, et sans déclaration du vendeur. Cette connaissance résultait, dans l'espèce, notamment de la remise faite à l'acheteur, homme versé dans la pratique des affaires, d'un titre antérieur qui révélait le danger de l'éviction, et de la médiocrité du prix convenu [2].

Le troisième cas d'exclusion complète de la garantie ne se réfère pas comme les deux premiers à une espèce particulière et déterminée : il a au contraire un caractère général, et il embrasse indéterminément toutes les ventes faites *aux risques et périls de l'acheteur*. La volonté des parties à cet égard peut avoir été manifestée par une clause formelle et précise ; sinon, elle peut encore s'induire des circonstances, dont les tribunaux sont seuls juges, ce qui leur laisse une grande latitude d'appréciation.

Nous avons vu maintenant comment la garantie

---

[1] Voët, *ad Pandecta, de Evict.*, n° 31.
[2] Douai, 16 février 1846.—Dalloz, 46, 2, 227.

pouvait être modifiée ou même complétement détruite. Il nous reste à faire remarquer que les clauses
insérées dans ce but au contrat, ne peuvent être valables qu'autant que l'acheteur les a proposées de
bonne foi, sans arrière-pensée et uniquement pour
assurer sa tranquillité dans l'avenir, *si securitati suœ
prospectum voluit* [1]. Elles sont nulles au contraire si
elles sont le résultat d'un calcul frauduleux, si elles
n'ont pour but que de couvrir la responsabilité du vendeur au moyen d'une déclaration plus ou moins
générale de non-garantie, comprenant une cause
d'éviction dont le vendeur connaissait le danger, et
qu'il a tenue cachée à l'acheteur. Telle est la doctrine repétée dans de nombreux textes du droit romain, et enseignée par tous les anciens auteurs, et
en particulier par Cujas, Doneau, Voët, Domat, Pothier [2]. Le vendeur ne peut se libérer de son obligation de garantie, soit pour les dommages-intérêts,
soit pour le prix, qu'en avertissant franchement
l'acheteur du vice qu'il connaît à son droit, en l'indiquant d'une manière nette, en l'appelant par son
nom. C'est ainsi qu'il doit parler, avec cette simpli-
cité de l'homme qui dit toute la vérité : *Veritatis
sermo simplex, liquidus et apertus est..... Omnia
igitur quœ venditor scit ea omnino, aperte, palam et
specialiter enumerare debet* [3]. Il ne lui sert à rien

---

[1] L. 4, § 4, *de Act. empt.*

[2] Cujas, sur la loi 44, § 48 et l. 39, *de Act. empt.*—Doneau, *de Evict.*, cap. II, nᵒˢ 5 et 8.—Voët, *ad Pandectas, de Evict.*, nᵒ 34 — Domat, *Lois civiles, Vente*, section x, nᵒ 34.—Pothier, *Vente*, nᵒ 239.

[3] Cujas, sur la loi 39, *de Act. empt.*

de chercher à affaiblir ou à écarter la garantie tant qu'il reste dans l'obscurité d'une déclaration générale, ou même d'une déclaration spéciale, mais comprenant encore plusieurs évictions, et, parmi elles, celle dont il connaît le danger et qu'il ne désigne pas nommément : *Scientem hic generalis sermo non relevat, in quo semper latet malitia quædam mala..... Quæ ita dicit obscure, perfusiore pro non dictis habentur.* La clause insérée dans ces conditions ne peut valoir, car c'est un dol de la part du vendeur, et l'on ne peut pas convenir *ne dolus præstetur.* Il reste donc tenu, envers l'acheteur qu'il a trompé, de la restitution du prix et des dommages-intérêts, nonobstant toute convention contraire. Cette doctrine, éminemment morale, doit être suivie dans notre pratique actuelle, malgré le silence du Code, surtout quand nous voyons ses rédacteurs nous dire qu'ils ne font que rappeler les règles anciennes. C'est bien là une de ces « maximes consa- « crées par la jurisprudence de tous les temps, et « liées aux principes de l'éternelle équité, » dont parlait M. Portalis.

CHAPITRE II.

Quelles évictions donnent lieu à la Garantie.

Il est inutile que je m'arrête à déterminer le sens exact et primitif du mot *éviction;* je renvoie aux explications que j'ai données à ce sujet, dans la Partie romaine. L'éviction n'a pas conservé chez nous le caractère rigoureux qu'elle avait dans l'action *ex stipulatu* du droit romain ; nous lui avons maintenu l'acception plus large qu'elle recevait dans l'action *ex empto*, et même ses conditions se sont adoucies, dans notre jurisprudence, sur quelques points.

Il y a éviction toutes les fois que l'acheteur est privé, en sa qualité d'acheteur, de tout ou partie de la chose vendue. Il n'est pas indispensable qu'elle résulte d'un jugement ; il suffit, comme dans l'action *ex empto*, que l'acheteur ne garde plus la chose *ex causâ emptionis*.

Et d'abord il y a éviction, et éviction dans le sens précis du mot, dans les trois cas formulés par Pomponius : *Cum res restituta est petitori, vel damnatus est litis æstimatione, vel possessor ab emptore conventus, absolutus est.* Ainsi l'acheteur est évincé quand il succombe, soit comme défendeur, soit comme demandeur, et que par le jugement obtenu contre lui, il est condamné à délaisser la chose ou débouté de la revendication qu'il a intentée contre un tiers-possesseur ; en troisième lieu il est évincé, quand actionné par un créancier hypothécaire et condamné à délaisser, sinon à payer, il a préféré payer la créance pour garder l'immeuble vendu. L'article 2178 n'exige pas même qu'il ait été condamné, et pas davantage également qu'il ait été actionné ; il lui ouvre son recours en garantie dès qu'il a payé la dette hypothécaire.

Enfin il y a éviction, bien qu'elle n'ait été prononcée par aucun jugement :

1° Quand l'acheteur devient héritier, légataire ou donataire d'une tierce personne qui était véritable propriétaire de la chose vendue. Il peut alors exercer son recours quoiqu'il n'y ait pas eu de sentence rendue contre lui, et bien qu'il continue de rester en possession de la chose ; car il ne la possède plus en vertu de la vente qui lui a été faite, mais en vertu du nouveau titre qu'il a acquis : c'est aussi ce que décidaient les lois romaines pour l'action *ex empto* ;

2° Quand l'acheteur, reconnaissant le bien fondé de la demande intentée contre lui, délaisse immédiatement et sans attendre qu'il y soit contraint par jugement. C'est ce qu'enseigne Pothier[1], et avec raison, car le vendeur ne peut pas se plaindre d'un délaissement spontané qui lui profite à lui-même, en diminuant le recours en garantie, des frais d'un procès inutile. Cette décision n'aurait cependant pas été admise en droit romain[2].

L'acheteur pourrait pareillement exercer son recours, si, au lieu de restituer la chose, il s'était entendu avec le tiers qui la réclamait et lui en avait payé la valeur.

Toutefois l'acheteur, s'il est prudent, n'agira ainsi qu'après avoir appelé le vendeur ; car autrement il ne pourrait recourir contre lui qu'en justifiant des

---

[1] Pothier, *Vente*, n° 95.
[2] V. *suprà*, page 50.

droits du tiers auquel il a délaissé ou avec lequel il a traité.

Le vendeur n'est et ne peut être responsable que des évictions qui procèdent d'un vice quelconque de la possession qu'il a transmise à son acheteur, et dont la cause par conséquent est antérieure à la vente : les autres évictions restent à la charge de l'acheteur, comme tous les risques de la chose vendue (article 1138).

Cette règle reçoit cependant une exception toute naturelle et que nous allons d'abord examiner ; c'est que le vendeur répond même des évictions dont la cause est postérieure au contrat quand elles procèdent de son fait.

Ainsi l'acheteur par acte sous signature privée non enregistré peut, s'il vient à être évincé par un second acheteur porteur d'un acte authentique ou ayant date certaine, recourir en garantie contre son vendeur, car il est trop juste que celui-ci réponde de l'éviction qu'il a causée en revendant à une autre personne.

Il faut en dire autant sous l'empire de la loi nouvelle sur la transcription, si l'acheteur est évincé par un second acheteur qui aurait transcrit avant lui ; ou encore, s'il est évincé par un créancier qui aurait fait inscrire, avant la transcription de l'acte de vente, une hypothèque constituée postérieurement au contrat.

Notre règle souffre encore une autre exception, mais en sens inverse : le vendeur n'est pas garant des évictions dont la cause est antérieure à la vente, quand elle résulte d'un droit qui a sa source dans la loi elle-même [1]. Par exemple, si l'acheteur est évincé par un co-héritier du vendeur qui a réclamé l'exercice de son droit de retrait successoral, il ne peut pas prétendre à un recours en garantie. Dans ce cas, l'acheteur ne peut pas être considéré comme ayant acheté des droits autres ni plus complets que ceux que la loi permet de vendre ; il savait au surplus qu'il était exposé à ce genre d'éviction, car il est censé ne pas ignorer la loi, et c'est là en particulier une de ses dispositions les plus connues. Il en serait de même dans le cas de vente d'une chose litigieuse, si l'adversaire au procès exerce le retrait de la chose vendue (art. 1699), et dans les autres cas semblables.

Les évictions procédant d'un cas fortuit ou d'une force majeure sont des risques dont la cause est postérieure au contrat et qui restent à la charge du vendeur. Ainsi, il n'a pas de recours s'il est dépossédé violemment ou sans droit par un tiers qui s'empare de la chose, sauf à lui à se défendre par les moyens que la loi met à sa disposition. Il n'en a pas davantage s'il est dépouillé par un acte quelconque du pouvoir législatif ou exécutif, par le fait du prince, comme on dit ordinairement, pourvu, bien entendu, que la dépossession ait été ordonnée par le prince, comme souverain, et non pas comme juge.

[1] Pothier, *Vente*, n° 87.

Dans la législation romaine, l'éviction prononcée contre le droit était regardée comme un cas fortuit retombant sur l'acheteur : en effet une telle éviction ne procède pas d'une cause antérieure à la vente, mais de l'injustice du juge, et l'on décidait que le vendeur ne devait pas en souffrir , *quia injuriam quœ tibi facta est, penes te manere quam ad alium transferri œquius est*[1]. Dans notre droit , cette décision doit être évidemment repoussée quand le vendeur a été mis en cause, parce qu'il a été partie au procès et que la chose jugée est réputée être la vérité pour lui comme pour l'acheteur : *res judicata pro veritate accipitur.* Mais quand le vendeur n'a pas été appelé au procès, le jugement étant rendu, comme il l'était à Rome, contre l'acheteur seul, celui-ci ne peut pas se couvrir de cette maxime ; car la vérité légale de la chose jugée n'est qu'une vérité relative qui n'est imposée qu'aux parties en cause (art. 1351). Aussi Pothier enseigne que, dans ce dernier cas, la doctrine romaine doit être suivie [2]. M. Duranton se prononce encore dans ce sens, pour notre législation actuelle [3]. Cependant Voët doutait déjà que cette décision fût bonne pour les mœurs modernes, par la raison que le juge ne répond plus de sa sentence, *ne fait plus le procès sien : Quod tamen moribus vix admittendum cum pro re judicata veritatis et jus-*

---

[1] L. 67, *de Fidejussor.*
[2] Pothier, n° 94.
[3] Duranton, n° 304.

titiœ præsumptio sit, nec judices soleant litem suam facere[1]. Aujourd'hui MM. Troplong et Marcadé ne doutent plus que la décision contraire doive être admise, mais parmi les raisons qu'ils en donnent, il en est qui ne peuvent guère déterminer. Le motif principal de M. Troplong[2], c'est que l'acheteur a été forcé de recourir au juge; ce motif n'avance à rien, car le vendeur n'est pas garant des cas de force majeure. M. Marcadé[3] s'appuie uniquement sur ce que la chose jugée est une vérité légale, mais il ne fait pas suffisamment attention que c'est une vérité purement relative. Je crois aussi qu'il faut se prononcer contre l'acheteur, mais par un autre motif. D'abord il n'est pas injuste de faire supporter au vendeur une condamnation qu'il aurait subie lui-même s'il avait été en cause, et ce qui est tout à fait décisif, c'est que la question me paraît tranchée en ce sens par le Code lui-même. D'après l'art. 1640, l'acheteur qui n'a pas appelé son garant en cause, n'est déchu de son recours qu'autant que le vendeur prouve « qu'il « existait des moyens suffisants pour faire rejeter la « demande, » c'est-à-dire, évidemment, des moyens que l'acheteur n'a pas connus ou qu'il a négligé de faire valoir. Si le Code entendait parler des moyens proposés sans succès par l'acheteur, il n'obligerait pas le vendeur à *prouver qu'ils existaient*, puisque leur

---

[1] Voët, *ad Pandectas, de Evict.*, n° 30.
[2] Troplong, n° 424.
[3] Marcadé, sur l'art. 1629.

existence serait parfaitement constatée. Il en résulte que le vendeur ne peut pas opposer à la demande en garantie, que c'est à tort et contre l'équité et la loi, que la défense de l'acheteur n'a pas été admise : donc il répond de l'éviction, bien qu'elle n'ait eu lieu que *per injuriam judicis*[1].

Il n'est pas nécessaire, pour que l'éviction retombe sur le vendeur, que le droit du tiers qui a évincé se soit trouvé ouvert lors de la vente, il suffit qu'il ait existé en germe à cette époque[2]. Ainsi, le vendeur est garant de l'éviction procédant d'un droit qui n'était encore que conditionnel au moment du contrat, tout aussi bien que de l'éviction procédant d'un droit déjà exigible alors. Mais c'est évidemment exagérer sans mesure un principe si juste, et abuser des mots, que d'en conclure que le vendeur est garant de l'éviction résultant d'une prescription commencée lors de la vente, et que l'acheteur a laissé s'achever. C'est pourtant ce qu'a fait un arrêt de la Cour de Bordeaux, sous prétexte que le vendeur est tenu « des « évictions dont il y avait une cause ou du moins un « germe, suivant l'expression de Pothier, existant dès « le temps du contrat de vente[3]. » C'était bien s'éloigner de l'esprit de la décision de Pomponius, qui laisse l'éviction à la charge de l'acheteur, s'il a perdu la possession par sa faute, et s'il a succombé pour

---

[1] Rejet, 6 janvier 1841.—Dev. 41, 1, 24.
[2] Pothier, *Vente*, nº 86.
[3] Bordeaux, 4 février 1831 ; Dev. 31, 2, 138.

n'avoir pas établi son droit de propriété, dont il devait fournir la preuve comme défendeur[1]. Il est vrai que cette décision ne serait pas suivie dans notre droit, où la vente doit transférer la propriété ; mais si Pomponius trouvait l'acheteur en faute, en cas pareil, nous pouvons lui reprocher à plus juste titre encore de n'avoir pas repris une possession indûment retenue par un autre. La Cour de Bourges a mieux compris les principes en décidant que l'acheteur doit s'imputer la perte qu'il a faite, en laissant s'accomplir la prescription[2]. Le vendeur l'avait rendu propriétaire, que pouvait-il exiger de plus ? Si depuis il a perdu la propriété, c'est uniquement par son fait, et en raison d'une négligence qu'il ne peut reprocher qu'à lui-même, et dont il doit supporter les suites. Toutefois, si la prescription était près d'être accomplie lors de la vente, de sorte que l'acheteur n'a pas eu le temps de l'interrompre, comme il n'y aurait aucune faute à lui reprocher, il ne faudrait pas laisser l'éviction à sa charge. Le vendeur ne serait pas fondé à dire qu'il a transmis à l'acheteur la propriété qui résidait encore sur sa tête au moment du contrat, et, qu'en conséquence il doit être affranchi de tout recours ; car, ce n'était plus alors un droit utile, mais un droit fatalement condamné à s'éteindre presque aussitôt, sans qu'il restât de moyens de lui conserver l'existence. Bien plus, quand bien même il resterait encore un certain temps suffisant pour interrompre la prescrip-

---

[1] L. 29, § 1, *de Evict.*—V. aussi *suprà*, page 50.
[2] Bourges, 4 février 1823 ; Sirey, 23, 2, 303.

tion, si l'acheteur l'a laissé s'accomplir de bonne foi et dans l'ignorance du danger de son inaction, je pense que les tribunaux pourraient, suivant les cas, déclarer le vendeur responsable de l'éviction, parce que la prescription commencée peut être justement comparée à un vice affectant la chose vendue, et dont il est dû garantie à l'acheteur, quand il n'en a pas été averti (art. 1641-1647).

Il serait à peine besoin de dire que le vendeur est garant de l'éviction produite par la surenchère du dixième, légalement exercée par un créancier inscrit, en vertu de l'art. 2185, si deux arrêts, l'un de la Cour de Paris du 25 prairial an XII, l'autre de la Cour de Metz du 31 mars 1821, n'avaient jugé le contraire[1]. Dans la doctrine de ces arrêts, l'acheteur, auquel la loi accorde formellement la garantie de droit, dans l'art. 2178, pour le cas de délaissement ou d'expropriation, sur les poursuites des créanciers inscrits, serait sans recours, si ce n'est quant au prix, dans le cas où il est dépouillé par la surenchère, qui n'est cependant qu'un autre effet de l'action hypothécaire. Et le motif qui en est donné, c'est que la surenchère est une éviction légale, une voie de droit, dont le vendeur n'est pas garant. Cette doctrine a été repoussée par un arrêt de cassation et par plusieurs arrêts des cours d'appel[2]. Mais il ne suffit pas, pour

---

[1] V. Dalloz, v° *Vente*, p. 873.

[2] Cassation, 8 mai 1807.—(Dalloz, v° *Vente*, p. 874); Toulouse, 27 août 1834; Bordeaux, 24 avril 1836; Lyon, 13 août 1852. (Dalloz, R. P. 35, 2,114, 37, 2,44. 54, 2, 194.)

établir l'existence de la garantie, de dire avec
M. Troplong (n° 426), qu'elle est due parce que
l'éviction, par suite de surenchère, provient d'un
fait personnel au vendeur qui peut, en désintéres-
sant les créanciers, empêcher la dépossession de
l'acheteur. Ce motif ne s'appliquerait dans toute
sa force, que lorsque le créancier qui forme la
surenchère est un créancier personnel du vendeur.
Il peut arriver que la dette soit étrangère à ce dernier, et cependant il n'en est pas moins tenu de l'éviction. En effet, c'est bien là une éviction dont la cause
est antérieure à la vente, puisqu'elle provient du droit
hypothécaire qui affectait la chose, lorsqu'elle a été
vendue. Du reste, les textes, si l'on veut les rechercher, ne manquent pas pour autoriser l'action de
l'acheteur. Ainsi l'art. 2191 lui accorde formellement son recours pour l'excédant du montant de
l'adjudication sur le prix de la vente, lorsqu'il s'est
rendu lui-même adjudicataire ; et l'art. 2192 le lui
réserve également pour le cas où la surenchère, formée sur une partie seulement des biens achetés, lui
occasionnerait un dommage résultant de la division
des objets de son acquisition. Ces articles contiennent
évidemment des applications particulières de la garantie, et prouvent par conséquent son existence..

Quand l'acheteur a connu lors de la vente l'hypothèque du créancier qui a surenchéri, le vendeur ne
doit pas de dommages-intérêts, pourvu qu'il soit
étranger à la dette hypothécaire ; si, au contraire, il
en est personnellement débiteur, la garantie reste

entière, suivant la doctrine que nous avons établie plus haut, bien que l'acheteur ait connu l'hypothèque, car l'éviction procède d'un fait personnel du vendeur.

Si la doctrine contenue dans les arrêts des cours de Paris et de Metz est inexacte pour la surenchère du dixième par un créancier hypothécaire, elle devient vraie pour la surenchère du sixième, qui peut être formée par toute personne, dans la huitaine, à la suite d'une adjudication sur expropriation forcée (708, C. pr.) ou sur vente volontaire judiciaire. L'adjudicataire ne devient propriétaire des biens qu'il achète aux enchères publiques que sous la condition suspensive que le droit de surenchère, accordé par la loi à toute personne indistinctement, ne sera pas exercé. Il est juste alors de dire de la surenchère, comme du retrait successoral, que c'est une éviction légale, car elle a sa cause uniquement dans la loi, et non plus dans un droit préexistant et affectant au profit d'autrui la chose vendue. Dès lors le vendeur n'en est pas garant, et elle reste aux risques de l'adjudicataire, qui est censé acheter, comme dit Pothier, aux charges de la loi.

L'éviction n'est consommée que lorsque la chose est enlevée à l'acheteur : si donc le jugement obtenu contre lui reste sans exécution, par exemple, parce que le demandeur est décédé insolvable et que personne n'a réclamé sa succession, l'acheteur ne pourra exercer aucun recours en garantie[1]. Cette règle

---

[1] Pothier, *Vente*, n° 88.

était complétement exacte dans les anciens principes ; mais aujourd'hui elle ne peut plus s'appliquer dans le cas de vente de la chose d'autrui, car l'acheteur, que la vente n'a pas rendu propriétaire et qui ne l'est pas devenu depuis, a toujours le droit d'agir contre son vendeur, même quand il n'est pas troublé.

CHAPITRE III.

Comment s'exerce la Garantie.

En droit romain, l'acheteur attaqué en éviction se bornait à dénoncer la demande au vendeur ; celui-ci alors était mis à même de lui indiquer les moyens de défense et d'assister au débat, si bon lui semblait ; mais il ne pouvait pas être actionné tant que l'éviction n'avait pas été prononcée par le juge. C'était alors seulement qu'une seconde instance s'organisait entre l'acheteur et le vendeur, devant le juge du domicile de ce dernier.

Dans notre ancienne pratique française, on avait simplifié cette procédure en adoptant celle qui nous régit encore, et en permettant à l'acheteur d'appeler son vendeur, dans l'acte même par lequel il lui dénonçait le trouble, devant le juge saisi de la demande en éviction, et de faire prononcer contre lui les condamnations de droit[1] par la sentence même rendue sur la demande originaire.

[1] Pothier, *Vente*, n° 107.

D'après l'art. 175 du Code de procédure, l'appel en garantie doit être formé dans la huitaine du jour de la demande originaire, mais ce délai, fixé pour ne pas arrêter trop longtemps la poursuite du demandeur en éviction, n'est point écrit en faveur du vendeur, de sorte qu'il ne pourrait pas prétendre que l'acheteur, la huitaine passée, n'a plus le droit de l'appeler en cause. Seulement, quand il est appelé tardivement et dans le cours de l'instance, il n'est tenu, comme nous le verrons plus tard, que des frais faits depuis cette époque [1].

Mais l'acheteur ne pourrait pas demander pour la première fois, en appel, la mise en cause du vendeur, parce que ce serait lui enlever le bénéfice des deux degrés de juridiction. C'est un principe reconnu par les auteurs et par de nombreux arrêts [2]. La jurisprudence cependant décide qu'on y doit déroger et que la demande en garantie peut se produire *de plano* devant la cour, si la cause en a pris naissance en appel et si elle est dirigée contre l'une des parties au procès [3].

Ce premier mode d'exercice de son recours est facultatif pour l'acheteur ; s'il n'a pas appelé son vendeur en cause, il peut, le procès terminé, agir en garantie contre lui, mais cette fois devant le juge du domicile du vendeur.

[1] Rouen, 14 avril 1853 ; Dalloz, 53, 2, 128, 25.

[2] V. entr'autres deux arrêts de la Cour de cass. du 11 février 1840 et du 24 juin 1845 (Dalloz, 40, 1, 128, 45, 1, 344).

[3] Rejet, 24 janvier 1828 ; 9 décembre 1829 ; 7 novembre 1849.— Dalloz, 28, 1, 103, 30, 1, 25, 49, 1, 285.

Ce dernier mode de procéder, ce recours par voie principale, a des inconvénients graves que je ne fais que signaler en ce moment, car nous les retrouverons bientôt ; il rend d'abord l'acheteur non-recevable à répéter les frais de l'instance originaire, sauf ceux de la sommation de délaisser, et de l'exploit introductif d'instance, et il l'expose de plus à perdre même tout recours, si le vendeur prouve qu'il existait des moyens suffisants pour faire repousser la demande.

Lorsque le vendeur appelé en cause déclare qu'il prend la défense de l'acheteur, celui-ci peut être mis hors de cause, s'il le demande ; ce qui ne l'empêche pas cependant d'assister au débat, si bon lui semble, pour la conservation de ses droits. D'un autre côté, le demandeur originaire a droit de demander, pour la conservation des siens, que l'acheteur reste en cause (182, C. pr.).

Si les deux instances originaires et en garantie sont en état d'être jugées en même temps, il y est fait droit conjointement ; sinon, le demandeur originaire peut faire juger d'abord la première, en demandant la disjonction, si les deux instances ont été jointes, et le tribunal statue plus tard sur la seconde (184, C. pr.).

Quoique le vendeur ait pris la défense de l'acheteur mis hors de cause, elle n'en reste pas moins véritablement, comme dit Pothier, la cause de l'acheteur. Aussi le jugement lui profite ou lui est opposable comme s'il avait été rendu contre lui-même, et il suffit, pour l'obliger à l'exécuter, de lui en faire une simple signification. (185, C. pr.)

En ce qui concerne les dépens, le jugement ne s'exécute que contre le garant, car la condamnation aux dépens est la peine de la mauvaise contestation qu'il a soutenue, en prenant la défense de l'acheteur [1]. Néanmoins l'art. 185 du Code de procédure autorise le demandeur originaire a poursuivre les dépens, même contre le garanti, en cas d'insolvabilité du garant, pourvu que le demandeur n'ait pas laissé le garanti obtenir sa mise hors de cause.

Si le vendeur triomphe, il fera condamner son adversaire aux dépens ; mais, si celui-ci est insolvable, pourra-t-il les répéter contre l'acheteur? Cette question me semble assez délicate. D'un côté, on peut dire que la cause défendue par le vendeur était véritablement celle de l'acheteur, que le vendeur a agi comme simple mandataire, qu'il est resté jusqu'à la fin avec ce seul titre au débat, car l'événement qui l'aurait rendu garant ne s'est pas réalisé. Dès lors il serait naturel de regarder la mauvaise contestation soulevée par l'adversaire vaincu, comme un pur cas fortuit, comme une injustice tentée contre l'acheteur, et dont lui seul doit souffrir, sans pouvoir en rejeter les suites sur le vendeur [2]. D'un autre côté, l'article 182 du Code de procédure, en autorisant l'acheteur à se faire mettre hors de cause, sem-

---

[1] Pothier, *Vente*, nº 114.

[2] Grenoble, 31 novembre 1824 ; Sirey, 25, 2, 383.

ble indiquer que l'affaire se poursuit complétement aux risques du vendeur, quel que soit, du reste, son résultat[1]. Comment décider en présence de ces deux idées opposées? Il me paraîtrait juste de distinguer les circonstances dans lesquelles se présente la demande. Le vendeur doit fournir une possession paisible, assurée, reposant sur un droit certain, et non pas une possession litigieuse, dont l'acheteur n'a pas entendu se contenter. Si donc l'auteur du trouble élève une prétention vraiment discutable, fondée sur une apparence sérieuse, le vendeur me semble tenu de toutes les suites du procès, quelle que soit son issue, surtout s'il connaissait lors de la vente les prétentions du demandeur, parce qu'il n'a pas transmis à l'acheteur une possession suffisamment tranquille et assurée, à l'abri de toute contestation, *sine interpellatione*, comme il devait le faire, mais au contraire une possession litigieuse, qui doit, par cela même, être regardée comme affectée d'un vice dont l'acheteur est obligé de garantir les conséquences. Mais si le trouble est une contestation de mauvaise foi, soulevée par un pur esprit de chicane, ce n'est plus qu'une injustice personnelle qui s'attaque à l'acheteur et qui doit rester à sa charge : il doit donc, quand le demandeur est insolvable, rembourser au vendeur les dépens du procès dans lequel celui-ci l'a repré-

---

[1] V. en ce sens Duvergier, nº 386.—Zachariæ (notes), 2, p. 514.— Cassation, 3 janvier 1833; Sirey, 33, 1, 92. M. Chauveau, *Journal des Avoués*, t. 44, p. 270, préfère cette opinion, sans cependant l'adopter complétement.

senté et a défendu sa cause. Ces dépens ne peuvent pas retomber définitivement sur le vendeur, parce qu'il n'a manqué à aucunede ses obligations, et que, s'il répond du vice de son droit, il ne peut pas répondre des entreprises injustes par lesquelles il plaît aux tiers de venir inquiéter l'acheteur. Ces entreprises, qui ne lui sont pas imputables, qu'il n'a aucun moyen de prévenir, ne changent pas de nature parce qu'elles se produisent devant un tribunal ; elles doivent être assimilées à la violence, car ce sont des faits du même genre, et qui doivent tous rester aux périls de l'acheteur. Le vendeur n'est garant que des troubles qui lui sont imputables, et dont la cause remonte à une époque antérieure à la vente. Or, le trouble dont nous parlons ne peut pas être rangé dans cette classe, puisqu'il n'a même pas de cause sérieuse.

Le vendeur appelé en cause peut, s'il reconnaît que les prétentions de l'adversaire commun sont fondées, non-seulement refuser de prendre ou de continuer la défense de l'acheteur, mais s'affranchir des conséquences ultérieures du procès en offrant à l'acheteur la restitution du prix, les dommages-intérêts et les frais faits jusque-là. Dans ce cas, l'acheteur est libre de soutenir le débat, mais à ses risques et périls, et sans pouvoir rien répéter au delà des offres complètes qui lui ont été faites [1]. S'il venait à triompher, il ne pourrait cependant pas, bien entendu,

---

[1] Pothier, nos 115 et 116.

exercer de recours contre le vendeur, car il n'aurait souffert aucune perte.

CHAPITRE IV.

Quand cesse la Garantie.

Indépendamment des modifications que peut recevoir la garantie et de son exclusion totale ou partielle, suivant les règles que nous avons déjà vues, il est des cas où l'acheteur évincé peut se voir privé de toute action contre son vendeur.

En premier lieu l'acheteur se trouve déchu de tout recours si l'éviction lui est imputable comme procédant de son fait ou de sa faute.

Par exemple, vous avez hypothéqué votre maison pour la dette d'un autre, vous en avez ensuite fait donation à Paul, qui me l'a vendue, et moi-même je vous l'ai revendue quelquetemps après ; puis vous êtes évincé par l'effet de l'hypothèque que vous avez consentie. Bien que vous ne soyez pas garant de cette hypothèque, parce que la maison est sortie de vos mains à titre de donation, titre qui n'emporte pas garantie, et que vous ayez droit à la garantie de ma part, moi qui suis votre vendeur, vous ne pouvez cependantpas recourir contre moi, car l'éviction procède de votre fait [1].

L. 20, *de Evict.*—Pothier, n° 90.

L'acheteur est en faute s'il délaisse volontairement la chose vendue au tiers qui la réclame et dont la prétention n'est pas fondée , et par conséquent l'éviction reste à sa charge, puisqu'il ne parvient pas à justifier le délaissement.

Il faut en dire autant, comme nous l'avons remarqué déjà, du cas où l'acheteur aurait laissé s'accomplir une prescription contre lui , alors qu'il pouvait l'interrompre.

Enfin il est encore en faute et il reste sans recours s'il se défend mal dans le procès engagé avec le demandeur en éviction, en ne présentant pas tous les moyens propres à assurer son succès, ou par exemple en déférant imprudemment le serment à son adversaire, ou encore s'il succombe parce qu'on lui a opposé une exception purement personnelle, comme une reconnaissance antérieure des droits de la partie adverse.

L'acheteur ne peut se compromettre par une mauvaise défense que lorsqu'il soutient seul le procès et sans avoir appelé le vendeur ; car c'est à ce dernier, lorsqu'il a été mis en cause, à diriger le débat comme il l'entend. Toutefois, il serait inexact de dire, avec M. Troplong, qu'en ne s'adressant à son garant qu'après la sentence, l'achetenr se charge du soin de la justifier[1]. Le vendeur est garant, selon la doctrine que nous avons admise, et qui est enseignée par M. Troplong lui-même, de l'éviction résultant d'un

---

[1] M. Troplong, nᵒ 436, *in fine*.

jugement rendu contre le droit, *per injuriam judicis*. Lorsque l'acheteur agit par voie principale et après l'éviction, on n'a donc pas à examiner si le jugement a été bien ou mal rendu. Seulement l'article 1640 réserve au vendeur non appelé au procès le droit de faire valoir la preuve qu'il existait des moyens suffisants pour faire rejeter la demande, et déclare l'acheteur, faute d'avoir proposé ces moyens, déchu de tout recours en garantie. Mais il faut remarquer que la loi ne distingue pas quant aux moyens que l'acheteur a omis de faire valoir. En conséquence, il ne faudrait pas restreindre sa disposition aux seuls moyens qui ne peuvent pas être suppléés d'office par le juge, comme la prescription, ou qui résulteraient de titres ou de faits que le juge n'a pas connus. Le tribunal saisi de la demande en garantie pourra juger, en fait, que l'acheteur s'est mal défendu, qu'il est en faute de n'avoir pas présenté tel ou tel moyen, quand bien même il s'agirait de moyens de droit commun qui auraient dû être suppléés par le juge[1]. L'acheteur ne peut pas se plaindre de cette sévérité ; car il lui était bien facile d'en écarter le danger en appelant son vendeur; au surplus, cette sévérité est nécessaire, car lorsque la chose a diminué de valeur, l'éviction se trouve avantageuse pour l'acheteur, et il importe de ne pas favoriser la fraude à laquelle il pourrait se laisser aller dans ce cas, en n'opposant qu'une résistance feinte à une éviction qui serait dans son intérêt.

[1] M. Duranton, *Vente*, n° 304.

L'acheteur qui n'a pas mis son garant en cause doit appeler du jugement qui l'a condamné en première instance ; autrement, il perd son recours si le jugement a été mal rendu [1]. C'est la décision des lois romaines [2], et nous avons pour l'admettre une raison de plus dans notre droit. En effet, à Rome, le vendeur était toujours averti par la dénonciation, exigée de la manière la plus rigoureuse et la plus absolue, et il pouvait, s'il le voulait, venir surveiller le débat; chez nous, au contraire, le vendeur qui n'est pas mis en cause, ne recevant pas de dénonciation, peut parfaitement ignorer l'existence même de la demande. Il est donc juste de n'accorder de recours à l'acheteur que lorsqu'il a employé tous les moyens à sa disposition pour n'être pas évincé [3], et demandé au second degré de juridiction la réformation de la sentence erronée des premiers juges. Cette fois, je pense que non-seulement le vendeur pourra reprocher à l'acheteur l'insuffisance de la défense qu'il a présentée, mais encore discuter le mérite de la décision rendue sur les moyens qu'il a proposés ; de sorte que, s'il établit ou que l'acheteur s'est mal défendu ou que le jugement a injustement repoussé sa défense, qui aurait triomphé en appel, il doit être déchargé de tout recours. En décidant ainsi, nous restons dans les termes de l'article 1640 ; car si le vendeur prouve que le jugement de première in-

---

[1] Duranton, n° 304.

[2] V. *suprà*, page 56.

[3] L. 39, § 1, *de Evict.*

stance aurait été réformé en appel, il prouve par cela même « qu'il existait un moyen suffisant pour faire « rejeter la demande. »

La garantie cesse également d'être due si l'acheteur évincé était lui-même garant de l'éviction. Par exemple, mon acheteur est devenu héritier de Pierre, qui m'avait à moi-même vendu la chose évincée : il ne peut pas agir contre moi, car il me doit garantie de cette même éviction, comme héritier de Pierre, mon vendeur. Il réunit en lui les deux qualités de garant et de garanti qui se détruisent réciproquement.

Quand la chose a péri, l'éviction devient impossible et le vendeur se trouve libéré de son obligation de garantie. En droit romain, on ne le décidait cependant ainsi que pour le cas où le vendeur avait été de bonne foi ; s'il avait vendu de mauvaise foi, il était tenu *de dolo*, et la perte de la chose n'éteignait pas l'action née de son dol. Chez nous, il ne faudrait pas, ce me semble, faire cette distinction : l'art. 1647, qui décide, contrairement au droit romain, que l'action en rédhibition est éteinte par la perte de la chose vendue, arrivée par cas fortuit, ne fait aucune distinction entre le vendeur de bonne foi et le vendeur de mauvaise foi ; de même ici nous devons, en raison de cet article, décider uniformément en faveur de de l'un et de l'autre.

Mais on peut se poser une question plus délicate et se demander si la perte de la chose doit libérer le vendeur, dans le cas de vente de la chose d'autrui.

L'acheteur ne peut-il pas prétendre que l'art. 1599, en prononçant la nullité de la vente faite *a non domino*, lui permet d'agir en restitution du prix, même quand la chose n'existe plus? A cet égard, je suis encore très-porté à invoquer par analogie la disposition de l'art. 1647, et à décider que la perte de la chose doit éteindre l'action en nullité comme elle éteint l'action en rédhibition. Les deux cas me paraissent devoir être logiquement soumis à la même règle ; celui qui a vendu de mauvaise foi, comme cela arrive le plus souvent, un animal atteint d'un vice tel, qu'il est à charge à l'acheteur, quelquefois même dange-reux pour lui, au lieu de lui être utile, ne mérite pas assurément d'être traité plus favorablement que le vendeur de la chose d'autrui, surtout s'il est de bonne foi. Les acheteurs, dans l'un et l'autre cas, peuvent tenir la vente pour valable, sinon rendre la chose et redemander le prix ; leur action est donc fort sem-blable, sauf pourtant cette différence, toute en faveur de l'action rédhibitoire, que l'acheteur à qui elle ap-partient peut, tout en maintenant la vente, obtenir une diminution de prix. Je pense, en conséquence, que la perte de la chose doit libérer le vendeur de la chose d'autrui, comme elle libère le vendeur d'une chose vicieuse ; cela me paraît d'autant plus raison-nable que, si l'on admettait le contraire on s'expose-rait à favoriser très-souvent les calculs intéressés et déloyaux de l'acheteur. En effet, il peut avoir su, lors de la vente, que la chose était à autrui ou l'avoir appris depuis ; mais, comme la chose d'autr ,

à la différence d'une chose vicieuse, peut offrir une
possession beaucoup plus avantageuse que la répétition du prix, au lieu de s'empresser de la rendre,
l'acheteur au contraire la gardera souvent et continuera d'exercer une jouissance que personne ne
trouble et qui lui est très-profitable. Si donc un tel
acheteur venait ensuite invoquer l'art. 1599, après
la perte de la chose, il est évident qu'il se plaindrait
réellement non pas de ce que cette chose était à autrui, mais de ce qu'elle est périe. On verrait ainsi beaucoup d'acheteurs de la chose d'autrui, usant du choix
que la loi leur accorde, maintenir la vente tant que
la chose existerait, la répudier quand la chose aurait
cessé d'exister.

CHAPITRE V.

De l'action et de l'exception de Garantie.

L'acheteur dépossédé est protégé par une action
qui a pour but de le rendre indemne de l'éviction, et
de plus, quand il est attaqué par une personne tenue à
la garantie, il peut se défendre et se faire maintenir en
possession, au moyen d'une exception. En effet, le garant ne peut pas revenir contre son propre fait ou contre
le fait de celui qu'il représente. De plus, la bonne foi
s'oppose à ce qu'on demande d'une main ce qu'on
serait obligé de rendre, au moins par équivalent, de

l'autre : *Dolo facit qui petit quod restiturus est*[1]. Bien plus, l'éviction serait directement contraire à l'obligation du garant, qui consiste à faire avoir la chose à l'acheteur, à le maintenir en possession, et, en conséquence, on doit rejeter toute demande de sa part tendant à l'évincer. De là cette ancienne maxime : *Quem de evictione tenet actio, eumdem agentem repellit exceptio.*

§ Ier. — *A qui se donne l'action de garantie.*

L'action de garantie se donne à l'acheteur et à ses successeurs universels : nous examinerons bientôt si elle se donne aussi à ses successeurs particuliers.

Quand l'acheteur lui-même est évincé, il peut toujours exercer son recours contre le vendeur ; il n'en est pas de même indistinctement et dans tous les cas, quand ce n'est pas lui qui a été évincé, mais son successeur particulier. L'acheteur alors n'a de recours qu'autant qu'il avait intérêt à ce que l'éviction n'ait pas lieu. C'est ce qui arrivera le plus souvent, car l'acheteur sera lui-même presque toujours garant envers son successeur évincé. En effet, la garantie est due dans toutes les transmissions à titre onéreux, et ce sont évidemment les plus fréquentes. Mais elle n'est pas due dans les transmissions à titre gratuit, sauf les donations par contrat de mariage, à moins qu'elle n'ait été expressément promise. Si donc l'éviction est

---

[1] L. 173, § 3, *de Reg. jur.*

soufferte par un donataire de l'acheteur, comme ce dernier n'est sujet à aucun recours de la part d'un tel successeur, il se trouve sans intérêt à ce que son donataire soit maintenu en possession de la chose, et, par conséquent, sans action contre son vendeur. Il en serait de même si l'éviction avait été soufferte par le légataire d'un corps certain : l'héritier n'ayant à craindre aucun recours de sa part, ne pourrait pas non plus en exercer contre le vendeur. C'est là un principe certain en même temps que fort raisonnable, et je ne comprends pas le reproche qui est fait à Pothier, pour avoir émis ce principe, par MM. Troplong et Marcadé[1]. La doctrine de Pothier mérite d'être critiquée, en ce qu'il refuse l'action au donataire, comme nous allons le voir bientôt, mais elle est fort exacte en ce qu'il refuse cette action au donateur. Pour n'avoir pas suffisamment distingué ces deux points, M. Troplong est tombé dans une confusion qu'on a peine à s'expliquer : il accorde l'action au donateur lui-même[2], en la motivant sur un prétendu intérêt d'affection, base juridique bien fragile, car elle viendra souvent à manquer, si la désunion s'est mise entre les parties depuis la donation, tandis qu'il ne dit rien de la question de savoir si le donataire peut intenter l'action. C'est pourtant la seule qui puisse, il me semble, laisser un doute, et c'est en tout cas la seule intéressante. Il est vrai que l'émi-

[1] Marcadé, sur l'art. 1629.

[2] Troplong, n° 429.—M. Troplong cite à tort M. Duranton (n° 276) comme partageant son opinion

nent jurisconsulte dit plus loin, que tout détenteur
peut agir contre le vendeur originaire, et qu'on peut
comprendre le donataire dans la généralité de ses
termes ; mais il fonde ce droit sur une cession tacite
qu'il déclare plus tard impossible [1].

Reconnaissons donc avec Pothier, que le donateur
n'ayant aucun droit d'agir, ne peut pas exercer l'action. Mais le donataire a un intérêt bien certain : lui
refuserons-nous, avec Pothier, le droit de recourir
contre le vendeur ?

Posons la question d'une manière plus générale, et
demandons-nous si l'action en garantie appartient à
tout successeur particulier de l'acheteur.

La négative n'était pas douteuse en droit romain,
l'acheteur seul, qui avait contracté, était admis à
exercer l'action du contrat ; son successeur ne pouvait pas attaquer directement le vendeur, à l'exception du cas où il s'était fait expressément céder l'action par l'acheteur [2]. Ce principe rigoureux est suivi
par Voët, il ne reconnaît pas à un second acheteur le
droit d'agir contre le vendeur originaire, *cum nullum
inter hos intercesserit negotium* [3]. Quelques arrêts déjà
anciens l'ont décidé de même sous le Code Napoléon.
Mais Domat enseignait une doctrine contraire : « La
« demande en garantie pourra être formée tant par
« l'acquéreur que par ses représentants, soit à titre

----

1 M. Troplong, n° 437, puis n° 497.
2 V. *suprà*, page 68.
3 Voët, *ad Pandectas, de Evict.*, n° 24.

« universel, soit à titre particulier, ainsi l'héritier de
« l'acquéreur ou son donataire aura le même droit
« que lui.....[1]. » Pothier accorde également, quoique
avec hésitation, à un second acheteur le droit d'exercer l'action, de sorte qu'on ne s'explique guère comment il la refuse au donataire[2]. Aujourd'hui, le droit
du successeur particulier de l'acheteur ne fait plus
de doute. Son auteur, en même temps qu'il lui
transmet la chose, lui transporte tous les droits et actions qu'il pouvait avoir relativement à cette chose ;
il la lui cède *cum omni causâ*, il le subroge en son
lieu et place. Aussi le successeur de l'acheteur n'a
pas besoin d'agir au nom de son auteur, et en vertu
de l'art. 1166, ce qu'il aurait incontestablement le
droit de faire, mais ce qui l'exposerait à subir la concurrence des autres créanciers du débiteur commun ;
il peut exercer l'action de son chef, directement et
comme tacitement subrogé aux droits du vendeur.
C'est un point qui paraît maintenant constant en jurisprudence et qui est admis par tous les auteurs,
sauf M. Troplong, qui l'admet d'abord pour le nier
ensuite.

Il est bien entendu que le vendeur originaire ou intermédiaire qui est attaqué en garantie, peut opposer
à la demande toutes les exceptions qu'il aurait pu
faire valoir contre l'auteur de celui qui l'attaque.
Ainsi, si le vendeur antérieur ne doit aucune garan-

---

[1] Domat, *Lois civiles*, *Vente*, sect. x, n° 29.
[2] Pothier, n° 148 et n° 97.

tie, ou ne la doit que jusqu'à concurrence du prix, au premier cas il ne pourra pas être actionné du tout; au second il ne pourra pas être actionné pour les dommages-intérêts, et si l'acheteur évincé veut en obtenir, il sera contraint de s'adresser à son vendeur immédiat. Au contraire, le successeur peut agir contre le précédent vendeur, quand bien même il n'aurait pas droit à la garantie de son chef, par exemple s'il est donataire ou s'il a acheté à ses risques et périls : de même il peut poursuivre contre lui, non-seulement la restitution du prix, mais encore les dommages-intérêts, quand bien même il n'en pourrait pas demander à son auteur, car c'est l'action de ce dernier et non pas la sienne qu'il exerce, et il l'exerce non pas comme son créancier, mais comme lui étant tacitement subrogé.

Nous verrons plus loin dans quelle limite cette subrogation donne au successeur de l'acheteur le droit d'agir contre le vendeur primitif.

§ II.—*Contre qui est donnée l'action de garantie.*

Art. 1. *Dans les ventes volontaires.*

L'action de garantie est donnée contre le vendeur et ses successeurs à titre universel.

Elle est donnée aussi contre la caution du vendeur. L'acheteur n'est pas obligé d'appeler la caution en cause, de même qu'en droit romain il n'était pas tenu de lui faire la dénonciation. Il lui suffit de faire condamner l'acheteur, pour pouvoir agir ensuite contre elle. Réciproquement, la caution peut opposer à l'acheteur toutes les exceptions qui appartiennent au vendeur lui-même (2036). Elle peut de plus opposer des exceptions personnelles à la validité de son cautionnement, de sorte que, si l'acheteur veut éviter les difficultés sur ce point, qui pourraient retarder sa poursuite, il fera bien de l'appeler en cause, pour faire déclarer le jugement commun avec elle.

Tout vendeur est tenu de l'action en garantie ; et à cet égard il n'y a aucune distinction à faire entre les ventes ordinaires par contrat privé, et celles qui, en raison d'une protection spéciale, ne peuvent avoir lieu qu'en justice, aux enchères publiques et après l'accomplissement des formalités exigées par la loi. Ces dernières ventes obligent les propriétaires des biens vendus à la garantie de l'éviction, aussi bien que les premières, car, tout en étant des ventes judiciaires, elles restent des ventes volontaires ; elles ne peuvent pas, en conséquence, sous le rapport de la garantie, malgré des formes communes, être assimilées aux ventes par expropriation forcée.

Il a été jugé plusieurs fois que l'acheteur pouvait recourir contre le cessionnaire du vendeur, pour obtenir la restitution du prix versé entre les mains de ce cessionnaire. Je renvoie la discussion de ce point à la fin de l'article suivant, parce qu'il peut être considéré comme une suite des questions que nous avons à traiter dans cet article.

Art. 2. *Dans les ventes par expropriation forcée.*

Les ventes par expropriation forcée donnent-elles lieu à la garantie? Contre qui l'adjudicataire peut-il recourir? dans quelles limites? Ce sont là des points sur lesquels on est loin d'être d'accord. L'absence de textes ne permet pas de présenter de règles très-sûres; et si l'on se reporte aux auteurs, on trouve bien des décisions de détail, mais on ne trouve guère une doctrine complète s'attachant à bien préciser les effets produits par l'adjudication entre les parties, pour en déduire ensuite des conséquences conformes aux principes. Aussi les opinions sur cette matière sont très-diverses.

Quelques-uns accordent l'action en garantie contre le saisissant[1];

D'autres l'accordent contre le saisi[2];

D'autres refusent toute action en garantie contre l'un et l'autre[3].

La plupart s'entendent pour accorder une *condictio indebiti* contre les créanciers colloqués à l'ordre[4].

---

[1] Persil, *Quest.*, t. 2, p. 240; Toulouse, 24 janvier 1826; Caen, 7 décembre 1827; Sirey, 26, 2, 136, 29, 2, 224.

[2] Duranton, 265; Duvergier, 345; Pigeau, *Proc. civ.*, 2, p. 252; Zachariæ, 2, p. 517; Marcadé sur l'art. 1629; Cassation, 16 déc. 1828; Sirey, 29, 1, 21.

[3] Pothier, *Proc. civ.*, 4e partie, chap. 2, § 7; Troplong, no 432.

[4] Persil, Duvergier, Pigeau, Zachariæ, Marcadé, *loc. citat.*—Merlin, *Répert.*, vo *Saisie immob.*, § 7.—Favard, vo *Saisie immob.*, art. 734-2. Thomine, *Proc. civ.*, no 838.—Troplong, no 498. V. aussi les arrêts cités par M. Marcadé.

. Enfin quelques-uns prétendent que les créanciers colloqués ne sont tenus d'aucune restitution[1].

Voyons d'abord ce qui concerne le saisi. A son égard il me semble qu'il faudrait distinguer quelle est l'origine de la poursuite : 1° L'expropriation peut être poursuivie par un créancier dont le droit est fondé sur le gage légal que la loi accorde à tout créancier sur les biens de son débiteur (2093) ou sur un gage judiciaire, c'est-à-dire sur l'hypothèque attachée à tout jugement ; 2° L'expropriation peut aussi être poursuivie à la suite d'un gage volontaire par un créancier ayant une hypothèque conventionnelle et spéciale.

Au premier cas, je ne pense pas que le saisi soit tenu de la garantie : je lui appliquerais purement et simplement les principes romains sur la vente du *Pignus judiciale*[2], en autorisant contre lui la répétition du prix seulement, parce que ce prix a servi à le libérer. Sur quoi fonder une action en garantie, c'est-à-dire en dommages-intérêts? Une obligation de dommages-intérêts ne peut naître que d'un engagement ou d'une faute. Or, aucun contrat ne rattache, même d'une manière indirecte, l'adjudicataire avec le saisi : on vend non-seulement sans son consentement, mais malgré lui. Et en supposant qu'il soit exact de lui reprocher avec certains auteurs, M. Mar-

---

[1] Delvincourt, 3, p. 144.—Duranton, n° 166.—Colmar, 21 juillet 1832 ; Sirey, 13, 2, 241.

[2] V. *suprà*, page 70.

cadé notamment, de s'être donné comme propriétaire des choses que l'on vendait à sa connaissance,
pour son compte et comme lui appartenant, cette prétendue faute disparaît tout à fait si le saisi ne connaissait pas le danger de l'éviction. Il n'y a donc
aucune cause sur laquelle on puisse faire reposer
l'obligation de payer des dommages-intérêts. L'adjudicataire ne peut réellement baser une action contre le saisi que sur le profit que ce dernier a retiré
de la vente, dont le prix a désintéressé ses créanciers ; c'est aussi dans cette limite seulement qu'on
doit autoriser un recours contre lui : *De pretio duntaxat quod ad cum pervenit conveniri debet.*

Au contraire, je déciderais que le saisi est tenu de
la garantie, s'il a été exproprié par un créancier
hypothécaire auquel il avait consenti une hypothèque
spéciale sur l'immeuble vendu. C'est alors qu'il est
vrai de dire qu'il s'est donné comme propriétaire de
cet immeuble, car il l'a désigné formellement comme
lui appartenant, il l'a lui-même offert à la confiance
de son créancier ; et l'on n'est plus embarrassé pour
trouver la source de son obligation. Elle repose sur
son consentement, sur un contrat intéressé qui lui
imposait le devoir de ne concéder que des droits
assurés, sur un mandat de vendre qui résulte tacitement de toute constitution d'hypothèque. Il peut être
attaqué à un double titre ; et comme vendeur, en raison de la vente par son mandataire, et comme débiteur non propriétaire de l'immeuble hypothéqué,
tenu pour cette raison d'une action qui a passé du

créancier à l'adjudicataire, par l'effet de la vente. Je puis sur ce dernier point invoquer l'autorité du droit romain. Ulpien décidait formellement que l'acheteur pouvait se faire céder, en cas d'éviction, l'action Pigneratitienne contraire qui appartenait au créancier en vertu du contrat de gage, et par ce moyen obtenir une condamnation en dommages-intérêts contre le débiteur. Cette condamnation est, à ce qu'il me semble, un droit qu'il est encore fondé à réclamer aujourd'hui.

Il s'agit maintenant d'apprécier la responsabilité du créancier saisissant. Un premier point qui ne peut guère être contesté, c'est qu'il est responsable de sa faute et par conséquent des irrégularités de sa procédure de nature à faire annuler l'adjudication : *quod requisita subhastationis observata non sint*, dit Voët [1]. Ajoutons qu'il serait également tenu s'il avait dû facilement voir que l'immeuble n'était pas au débiteur, qui n'en était pas regardé comme propriétaire dans le public, et à plus forte raison s'il l'avait saisi de mauvaise foi, sachant qu'il était à autrui [2].

Mais en dehors de ce premier point, regarderons-nous le créancier saisissant comme tenu de la garantie ordinaire, ou simplement de la restitution du prix, en vertu d'une *condictio indebiti*, ou enfin comme exempt de tout recours ? Je repousse la première opinion, avec la jurisprudence et la très-grande ma-

[1] Voët, *ad Pandect., de Evict.*, n° 5.
[2] L. 11, § 16, *de Act. empt.*

jorité des auteurs, parce que le créancier saisissant ne peut pas être assimilé à un vendeur ordinaire; mais je crois qu'il doit être regardé comme un cédant *sui generis*, et, en conséquence, j'écarte tout à fait la troisième opinion, et je n'adopte ni les motifs ni toutes les conséquences de la seconde.

D'abord, il me semble incontestable que les relations de l'adjudicataire et du saisissant ne se réduisent pas aux relations ordinaires de celui qui fait un payement avec celui qui le reçoit. Pour le prétendre, il faudrait supprimer l'adjudication et tout ce qui la précède. C'est le saisissant qui vend, qui fixe la mise à prix à ses risques et périls, qui règle les conditions de la vente : c'est lui, par conséquent, qui offre l'immeuble à l'adjudicataire. Celui-ci accepte et achète : voilà donc un lien antérieur au payement, un contrat qui doit produire des effets qu'il s'agit de déterminer. L'adjudication transmet à l'adjudicataire les droits du saisi, parce qu'il est de l'essence de tout gage, légal, judiciaire ou conventionnel, de conférer au créancier le droit de vendre. Mais n'oblige-t-elle pas le créancier à quelque chose de personnel ? *Creditor qui pignus distrahit, jus suum cedere debet*, nous dit Paul[1]. Le créancier doit céder son droit. Il en résulte qu'il doit répondre de l'existence de son droit; et c'est aussi ce que décide la loi romaine[2]. Chez nous, l'article **728** du Code de procédure oblige le saisi,

---

[1] L. 13, *de Distr. pign.*

[2] L. 1, Code, *Creditor. evict. pign. V. suprà*, page 74.

sous peine de déchéance, à proposer les moyens de
nullité, non-seulement de la procédure, mais du titre
lui-même, en vertu duquel on le poursuit, trois jours
avant la publication du cahier des charges ; c'est ce
qui fait que l'éviction ne peut jamais procéder du
défaut de titre du créancier. Mais le principe de sa
garantie à ce sujet n'en reste pas moins, et il est bon
de s'en rendre bien compte. Le droit du créancier,
bien qu'existant réellement, peut être invalidé ou
détruit par le défaut ou la résolution du droit du débiteur. L'éviction, qui en est la suite, ne donnait pas
en droit romain de recours à l'acheteur contre le
créancier, non pas parce que ce dernier ne pouvait
être regardé comme un vendeur, mais parce qu'il
avait vendu *jure creditoris*, et qu'il était censé avoir
laissé, aux risques de l'acheteur, l'éviction qui n'aurait sa cause que dans la possession vicieuse de son
débiteur. En un mot, il était garant de l'existence et
de la régularité de son titre; il ne l'était pas de la
validité de ses effets. Il ressemblait en cela à celui qui
vend une créance, qui, même encore aujourd'hui,
garantit seulement l'existence de son droit, et non
pas la solvabilité du débiteur (1694), quoique l'insolvabilité de ce dernier anéantisse le droit cédé. Notre
ancienne jurisprudence s'est écartée du droit romain,
ainsi que nous l'apprend Pothier[1], et elle a accordé
une action à l'adjudicataire pour la répétition du prix
payé entre ses mains. En cela elle a eu raison ; car

---

[1] Pothier, *Proc. civ.*, 4ᵉ partie, chap. 2, § 7.

le principe du recours est juste, et sa limitation paraît
sage. En effet, le saisissant doit répondre non-seulement de l'*existence* de son droit, mais de la *validité*
de son droit : il a agi, il est vrai, simplement comme
créancier, et l'adjudicataire savait que la possession
du débiteur pouvait être affectée de quelque vice ;
mais cette circonstance ne peut l'abriter complétement contre tout recours, pas plus que la clause de
non-garantie ou la connaissance par l'acheteur du
danger de l'éviction n'affranchit, d'une manière absolue, le vendeur ordinaire. L'équité s'y oppose ; le
droit cédé étant enlevé au cessionnaire, le cédant ne
peut pas garder le prix. Mais le saisissant ne doit pas
être tenu au delà, parce que, en premier lieu, il ne
s'est pas donné comme propriétaire, mais comme
créancier, et enfin parce qu'il n'a pas entendu faire
une affaire, une spéculation ayant ses chances de
gain ou de perte, mais simplement arriver à se procurer un payement. Il n'est pas juste, en conséquence,
que son obligation dépasse le montant de ce qu'il a
reçu : autrement, mieux vaudrait pour lui perdre sa
créance, l'abandonner dès à présent, que de l'exposer
à une répétition qui pourrait aller au double et au
delà.

Telle est la théorie sur laquelle me paraît être
basé le recours que l'on doit accorder à l'adjudicataire contre le créancier saisissant. On arrive ainsi à
un résultat en apparence commun avec la doctrine
dont j'attaquerai directement le principe un peu plus
loin, et qui regarde le saisissant comme tenu d'une

condictio indebiti. Mais les conséquences ne sont pas les mêmes. Il en est une surtout qui dans cette dernière doctrine rendrait très-souvent impossible le recours de l'adjudicataire : aux termes de l'art. 1377, la répétition de l'indu ne peut plus avoir lieu dans le cas où le créancier a supprimé son titre par suite du payement. Ainsi, quand l'hypothèque du saisissant ou des autres créanciers colloqués à l'ordre porte en même temps sur d'autres immeubles, la radiation de l'inscription rendrait l'adjudicataire non recevable à agir contre eux [1]. C'est là un péril de plus ajouté aux chances défavorables et aux embarras qui se multiplient déjà autour de lui, c'est une raison nouvelle pour éloigner des enchères publiques et laisser l'expropriation se consommer pour un prix tout à fait vil, comme cela arrive trop souvent pour le malheur de tous, débiteurs et créanciers. Si la base du recours de l'adjudicataire est bien celle que j'ai cherché à établir, il n'a plus à craindre cette fin de non-recevoir, car il n'a pas payé une dette à des créanciers, mais un prix à des cédants.

Je comprends, comme on le voit, les créanciers colloqués à l'ordre dans la même idée que le saisissant lui-même. Sans vouloir les assimiler complétement à ce dernier, parce qu'ils ont un rôle moins actif, je crois qu'il faut leur appliquer le même principe quant au recours de l'adjudicataire en répétition du

---

[1] Persil, *Quest.* 2, p. 240.—Merlin, *Répert.*, v° *Saisie immob.*, § 7, Favard, v° *Saisie immob.*, art. 731-II. Troplong, n° 498, note.

prix. Le poursuivant agit dans un intérêt commun et le resultat est le même pour tous. Les autres créanciers profitent de la vente comme lui et au même titre ; ils cèdent leurs droits comme lui, et ils doivent en conséquence répondre, dans une égale mesure, de la validité de ces droits. En effet on ne peut pas dire qu'ils touchent le prix au nom et en l'acquit de leur débiteur ; ils le touchent au contraire comme leur étant dû directement et personnellement par l'adjudicataire. Leur droit s'est réalisé et le débiteur a été dépossédé par l'effet de la saisie (682-686 C. pr.), et le prix de l'immeuble exproprié leur appartient si bien, qu'ils n'ont plus aucune action à exercer, aucun acte à faire pour se l'approprier ; ils n'ont plus qu'à le faire distribuer entre eux. Il est donc juste d'en conclure qu'ils ne le reçoivent pas au nom de leur débiteur, mais en leur nom personnel, et comme prix de la cession de leurs droits, réalisés par la saisie.

Outre le prix, l'adjudicataire est tenu de payer les frais ordinaires de poursuites (713, C. pr.). D'après les principes que nous avons établis, ils ne pourraient pas être répétés contre le créancier saisissant, mais contre le saisi seul, parce que ces frais sont encore une dette dont il a été libéré par l'adjudicataire. C'est aussi ce qu'on décide généralement. S'il était vrai de dire que l'adjudicataire a une *condictio indebiti* contre les créanciers à qui il a payé le prix, il faudrait lui accorder la même action contre l'avoué qui aurait obtenu la distraction des frais et en aurait reçu le

payement. En effet, ces frais sont payés au même titre
que le prix, tellement que souvent même, d'après le
cahier des charges, ils viennent en diminution du prix.
Or la jurisprudence, qui refuse d'une manière constante, la répétition des frais payés à l'avoué qui en a
fait prononcer la distraction à son profit, n'a jamais
songé à distinguer le cas où il s'agirait de frais payés
par un adjudicataire, et ce dernier cas lui-même s'étant
présenté devant la cour de Rouen, cette cour a rejeté
la répétition, sans se préoccuper en rien de l'espèce
particulière, dans laquelle elle était demandée [1].

C'est sans doute l'influence des faux principes que
je me suis efforcé de combattre, qui a fait tomber la
Cour de Rouen et la Cour de Paris dans une erreur
plus grande encore, en les conduisant à décider que
l'acheteur peut répéter le prix payé au cessionnaire
du vendeur, contre ce cessionnaire lui-même [2]. Au
moins, c'est toujours sur une prétendue *condictio indebiti*, que la Cour de Rouen fonde son arrêt, en
s'appropriant les motifs des premiers juges, dont
elle confirme purement et simplement la décision.
Il est vrai que le jugement également confirmé, sans
nouveaux motifs, par la Cour de Paris, donne une
raison différente, et repousse même celle tirée de la
répétition de l'indû; mais au fond l'erreur consiste toujours à ne pas accorder à la dette une existence véritable et persévérante, malgré le recours de l'acheteur

[1] Rouen. 25 juin 1849; Dalloz, 1850, 2, 146.
[2] Paris, 5 février 1848 ; Rouen, 14 avril 1853 ; Dalloz, 48, 2, 86,
53, 2, 140.

et à confondre la dette du prix avec la dette de garautie. Cette dernière décision judiciaire fonde le recours qu'elle accorde contre le cessionnaire sur ce que le « vendeur n'a pu transmettre ses droits à un tiers, sans « que ce dernier soit tenu à l'exécution de ses obliga- « tions, et soumis aux actions que l'acquéreur avait « contre son vendeur, puisque ce tiers n'est que le « représentant de ce dernier, et que toutes les char- « ges du cédant passent au cessionnaire. » De pareils motifs sont réfutés par la condamnation même à laquelle ils sont censés servir de base, car la condamnation ne comprend que la restitution du prix, et si les motifs étaient exacts il aurait fallu condamuer le cessionnaire à *toutes les charges* du cédant, c'est-à-dire à tous les dommages-intérêts. On ne peut guère voir, il me semble, d'hérésie juridique plus grande qu'une telle décision. Le cessionnaire, mandataire à l'effet de recevoir, est transformé en débiteur de celui qui doit le payer, et cela en vertu d'un contrat de vente auquel il est étranger. Ou plutôt, pour apprécier plus justement, et en s'attachant uniquement au résultat de la condamnation (qui réfute la prétendue succession aux obligations du cédant), on voit qu'on est arrivé à inventer une revendication d'un nouveau genre, la revendication d'une quantité; car il n'y a que ce nom qu'on puisse donner à une action intentée contre un cessionnaire qui n'est engagé par aucun lien personnel envers celui qui l'attaque.

Mais revenons à la *condictio indebiti,* par laquelle la Cour de Rouen motive le recours qu'elle accorde

contre le cessionnaire. Il me semble évident que la
répétition de l'indû ne peut pas trouver sa place ici.
En premier lieu rien n'a été payé indûment : la dette
existait bien réellement quand elle a été payée, et
elle n'a même pas été éteinte par l'éviction, car
l'éviction n'entraîne pas la résolution de la vente [1].
Elle crée au contraire, ou plutôt elle réalise l'obligation préexistante de garantie à la charge du vendeur ;
la somme déboursée comme prix de la chose vendue
devient le prix de la dette de garantie, maintenant
exigible. Donc le payement avait une cause, et sa
cause subsiste toujours, tellement que, s'il n'avait
pas été dû, la garantie ne le serait pas davantage.
Cette cause se rencontre dans un contrat qui avait
et qui conserve une existence réelle, et qui a été
légalement, sciemment et volontairement exécuté.
La *condictio indebiti* suppose, au contraire, nécessairement l'absence de contrat entre les parties ;
c'est une action fondée sur un *quasi-contrat*, sur un
payement sans cause antérieure, et qui est le seul
point de départ de l'obligation de celui qui l'a reçu.
Être lié par un contrat, c'est donc un fait exclusif de
la *condictio indebiti* : les contractants-ont mieux que
cette action, qui n'est qu'un dernier et fragile refuge
de l'équité, ils ont l'action plus efficace née de leur
contrat. Et cette idée ne cesse pas d'être vraie quand
bien même on admettrait que l'éviction entraîne la
résolution de la vente, car c'est avec l'action même

---

[1] V. *suprà*, page 107.

d'un contrat qu'on le fait résoudre et qu'on obtient les répétitions auxquelles on a droit. Enfin ces raisons, qui me paraissent très-solides, seraient-elles sans valeur, il me semble encore que la répétition ne pourrait pas être autorisée contre le cessionnaire, car il reçoit comme mandataire du vendeur, au nom et pour le compte du vendeur, et non pas en son nom personnel; et l'acheteur, qui le paye, veut se libérer, non pas envers lui, mais envers le vendeur. S'il y a eu erreur, l'erreur a consisté en ce que l'acheteur se croyait faussement débiteur du vendeur, et c'est contre ce dernier seul qu'il doit répéter. Il n'y a donc aucune bonne raison en droit pour accorder un recours contre le cessionnaire, et il y en a encore moins en fait ; car rien ne serait plus injuste que d'exposer le cessionnaire, vingt ans peut-être après un payement reçu de bonne foi, et volontairement effectué, à n'avoir plus lui-même qu'un recours inutile contre un vendeur, qui depuis est devenu insolvable.

J'ai peut-être trop insisté sur ces derniers points ; je me suis laissé entraîner à ces développements, parce que non-seulement ils établissent que l'acheteur ne peut rien répéter contre le cessionnaire du prix, mais ils servent aussi à démontrer la fausseté de la doctrine qui fonde, sur une *condictio indebiti*, le recours de l'adjudicataire contre les créanciers du débiteur exproprié. En effet, presque toutes les raisons que je viens de donner s'appliquent avec la même force à ces derniers; de sorte que je crois pouvoir dire que l'idée de *condictio indebiti* est complétement étrangère à toute cette matière. Du reste c'est un principe dont une conséquence, comme je l'ai déjà fait remarquer, a été consacrée par la jurisprudence, dans les arrêts qui refusent à l'adjudicataire la répétition des frais payés à l'avoué.

§ III.—*Si l'action et l'exception de Garantie sont divisibles.*

La question de savoir si l'action et l'exception de garantie sont divisibles ou indivisibles a donné lieu de tout temps aux controverses les plus longues, aux systèmes les plus divers et les plus confus, et de nos jours l'on n'est point encore parvenu à s'entendre.

Aujourd'hui trois systèmes sont encore soutenus.

Dans un premier système on regarde l'action de garantie comme indivisible, mais l'exception comme divisible. C'est la doctrine de Dumoulin, suivie par Pothier [1].

Dans un second système on soutient l'indivisibilité de l'exception aussi bien que de l'action [2].

Enfin une troisième opinion nie l'indivisibilité et de l'action et de l'exception [3].

---

[1] Elle est enseignée depuis le Code par M. Duranton, nos 277 et 255, et M. Troplong, nos 438 et 457.

[2] Delvincourt, l. 3, p. 144 ; Duvergier, no 355 ; Marcadé, art. 1629-VII.—De très-nombreux arrêts se sont prononcés pour l'indivisibilité, au moins en ce qui concerne l'exception, et parmi eux, trois arrêts de la Cour de cassation, Ch. des req. des 19 fév. 1811, 5 janv. 1845, 11 août 1830 ; Sirey, 11, 1, 183, 15, 1, 234, 30, 1395.

[3] Divisibilité de l'action. Arrêt de la Cour de cassation déjà cité, du 11 août 1830. Divisibilité de l'exception, l. 14, au Code *de Rei vind.* (*suprà*, page 76), et les auteurs cités sur la première opinion. Pour l'indivisibilité complète de la garantie, v. les anciens docteurs cités en grand nombre par Dumoulin.

La question ne présente pas d'intérêt pratique en ce qui concerne l'action de garantie. Comme la garantie se résout nécessairement, quand l'éviction est consommée, en dommages-intérêts qui sont divisibles, les partisans de l'indivisibilité de l'action, admettent tous que l'héritier, seul appelé en garantie, ne peut être condamné que pour sa part [1]. L'acheteur, en conséquence, est obligé d'appeler tous les héritiers s'il ne veut pas s'exposer à voir repousser, par les héritiers non appelés, un jugement auxquels ils n'auraient pas été parties. Ainsi les partisans de l'indivisibilité de l'action de garantie n'appliquent point ici l'article 1225 qui accorde seulement au co-débiteur d'une chose indivisible, seul poursuivi, la faculté d'appeler les débiteurs en cause ; ils veulent que l'héritier attaqué ne soit condamné que pour sa part, quand bien même il aurait négligé de mettre en cause ses co-héritiers. On voit que le principe de l'indivisibilité de la garantie reste uniquement dans le domaine de la théorie, et que ses partisans se gardent bien d'en faire l'application pratique.

Mais il n'en est pas de même de ceux qui soutiennent l'indivisibilité de l'exception de garantie. Quand c'est l'un des garants qui attaque lui-même l'acheteur, l'obligation de garantie n'a pas subi cette conversion qui la change en une obligation de dommages-

---

[1] V. notamment : Pothier, n° 105. — Dumoulin, *Extricatio laby-rinthi div. et ind.*, n° 472.—Duranton, n° 277.—Troplong, n° 440.— Marcadé, *loc. cit.*

intérêts, comme cela a lieu quand l'acheteur intente l'action pour se faire indemniser de l'éviction. L'exécution de l'obligation de garantir, de maintenir en possession, de défendre l'acheteur, est, au contraire, réclamée directement et en elle-même par voie d'exception. Si donc cette exception est indivisible, l'héritier pour partie qui revendique la chose vendue, doit être repoussé pour le tout. Ainsi Pierre m'a vendu un fonds appartenant à Paul qui est devenu son héritier pour moitié ; Paul revendique ce fonds contre moi : si l'exception de garantie que j'oppose à son action est indivisible, je le ferai débouter de sa demande pour le tout : au contraire, si elle est divisible, je serai forcé d'abandonner à Paul la moitié du fonds; je garderai seulement l'autre moitié, parce que Paul ne représente mon vendeur que pour moitié.

Ainsi il n'y a que l'indivisibilité de l'exception qui ait des conséquences pratiques. Nier d'une manière absolue l'indivisibilité de la garantie ou ne la reconnaître que dans l'action seule, c'est émettre deux principes théoriques différents, mais qui se réunissent en pratique dans l'application de règles communes.

Dumoulin est le véritable auteur du système qui soutient l'indivisibilité dans l'action et qui la repousse dans l'exception : Pothier a reproduit sa doctrine sans y rien changer. Mais, malgré ces deux grandes autorités, ce système paraît tellement en contradiction avec lui-même qu'on a droit de s'étonner de le voir encore soutenu de nos jours. Je m'attacherai cependant à combattre surtout la doctrine de Dumoulin sur l'indivisibilité de l'action, parce que les partisans de l'indivisibilité de l'exception lui empruntent tous leurs arguments, et qu'ils n'en ont pas de particuliers à faire valoir.

La doctrine de Dumoulin repose uniquement sur l'interprétation qu'il donne aux lois romaines : il ne cherche guère à la justifier au point de vue rationnel, comme nous aurons l'occasion de le montrer bientôt. La matière de l'indivisibilité a toujours été l'effroi des interprètes : c'est une mer sans fond, disait Dumoulin, *mare magnum sine fundo*[1]. Ceux qui se sont senti le courage d'affronter ses écueils, ceux en particulier qui ont examiné la nature de la garantie, ne sont guère arrivés à éclaircir les textes qui s'y réfèrent : souvent, au contraire, ils embarrassaient encore le sujet par la diversité de leurs commentaires, *multitudine dissidentium opinionum, contorsione et malo intellectu multarum legum*[2]. C'est en ces termes que Dumoulin s'en plaint, et il énumère sept opinions présentées avant lui, dont six s'éloignaient plus ou moins complétement de la doctrine de l'indivisibilité. Aujourd'hui du moins nous n'avons pas, pour nous arrêter à chaque instant, les entraves de textes, en même temps impérieux et contradictoires.

Voyons donc comment raisonnent les partisans de l'indivisibilité de la garantie. Ils la font résulter de ce que l'obligation de garantie contient l'obligation de

---

[1] Dumoulin, *loc. cit.*, n° 1 et n. 407.
[2] *Ibid.*

défendre, laquelle, selon eux, né peut pas s'exécuter par partie.

On pourrait d'abord se demander si le vendeur est bien réellement tenu d'une obligation de défendre, distincte de son obligation de faire jouir. A cet égard je serais complétement de l'avis de M. Marcadé : « L'obligation du vendeur, dit-il, n'a que deux ob- « jets, la paisible possession, et, à son défaut, des « dommages-intérêts....., faire jouir paisiblement, « assurer et maintenir la paisible possession et jouis- « sance, protéger et *défendre* la possession, tout cela « n'est qu'une seule et même idée [1]. » M. Marcadé est amené à définir ainsi l'obligation du vendeur, en combattant la doctrine de Dumoulin, de Pothier et de M. Troplong ; mais ce qui m'étonne d'un esprit si pénétrant, c'est qu'il ne voit pas qu'il renverse la sienne propre. En effet, cette définition revient exac- tement à celle qui est donnée d'une manière si com- plète et en quelques mots par les jurisconsultes ro- mains : *præstare rem habere licere.* Or, cette obligation générale est divisible, comme on le voit, par son pre- mier chef, la délivrance qui est sans contredit suscep- tible de division. En écartant l'obligation de défendre, on fait donc disparaître toute la difficulté. Et je crois d'autant mieux qu'on doit l'écarter, qu'elle ne peut ja- mais aboutir qu'à un bénéfice pour le vendeur ou à une impossibilité. En effet, ou le vendeur avait de justes moyens de combattre la demande, et alors la défense

---

[1] Marcadé, sur l'art. 1629-VIII.

le couvre, elle le garantit lui-même, elle est toute
dans son intérêt, puisqu'elle empêche le recours
qui, sans elle, aurait été exercé contre lui : dès lors,
comment dire qu'en exécutant ce qu'il était si intéressé à faire, ce qu'il aurait réclamé lui-même
comme un droit et une protection personnelle, il a
exécuté une obligation ? Ou bien il se trouve en face
d'un adversaire dont la prétention est fondée, et
comment parler d'obligation, puisque son objet, la
défense, est une chose impossible à fournir par qui
que ce soit, aussi bien qu'un être imaginaire, *ut hip-
pocentaurus qui esse non potest ?* Mais je n'insiste pas
davantage sur cette idée. Je démontrerai bientôt
qu'en tout cas l'obligation de défendre n'est ni une
obligation principale, ni une obligation précise, ce
qui, à vrai dire, revient à peu près au même que de
nier son existence.

Arrivons donc à l'examen de la nature de la défense. Étudions-la en elle-même, en la supposant
l'objet principal ou même unique d'une convention,
et voyons si, ainsi considérée, elle est véritablement
indivisible. Un des principaux motifs qui font soutenir à MM. Troplong et Marcadé la doctrine de l'indivisibilité, c'est qu'on ne peut pas présenter le tiers
ou le quart d'un moyen [1]. Qui le nie ? Quel est l'héritier pour partie qui a jamais prétendu qu'il pouvait
se présenter devant le juge, et produire seulement
« le tiers ou le quart d'un titre ? » Si cette vérité était

[1] Troplong, nᵒ 438 ; Marcadé, sur l'art. 1629.

décisive dans la question, on n'aurait pas, je pense, si fortement disputé pendant des siècles. L'héritier se présentera donc toujours avec un titre produit tout entier, et des conclusions prises tout entières. Qu'en résultera-t-il ? C'est que, lorsque le titre démontrera pour le tout le mal fondé de la demande, l'héritier gagnera le procès pour le tout et non pas pour partie. Il n'en faut pas conclure cependant que l'acheteur puisse appeler en cause un des héritiers seul ; ils doivent tous être appelés : chacun d'eux, en effet, peut avoir des moyens particuliers que l'autre n'a pas, ou ne connaît pas ; l'un d'eux peut encore avoir une habileté plus grande à les faire valoir. Ils doivent donc être tous appelés à défendre, mais ils sont appelés à présenter les moyens *in solidum* et non pas pour partie : *in solidum agi oportet, in solidum denuntiandi sunt.* Et si l'un d'eux ne veut pas rester seul en cause, ne veut pas porter seul le poids du procès, il faut alors qu'ils y restent tous, *omnes debent subsistere,* parce que, l'un d'eux refusant, les autres ne peuvent avoir la ridicule prétention de présenter les trois quarts de chaque moyen de défense, en supposant qu'ils soient trois ; aussi, *quolibet defugiente, omnes tenebuntur.* Mais quand tous sont appelés, l'un d'eux peut parfaitement présenter la défense entière, et le garanti n'a pas à s'en plaindre [1]. Et cela est tout na-

---

[1] Cette manière d'entendre la loi 85 *de Verb. oblig.* me paraît conforme au sens qui lui est donné par Cujas (*ad dict. leg. in lib.* 75, *Pauli ad Edictum,* et par Dumoulin lui-même, n° 461. (*Extr. labyr. divid. et individ.*)

turel, car la défense est un mandat qui peut être exécuté par plusieurs, mais qui peut l'être aussi par un seul.

Précisons bien ce que nous venons de reconnaître : Premièrement, tous les héritiers doivent être appelés ; secondement, ils sont appelés *in solidum,* et, parconséquent, l'un d'eux peut défendre pour le tout. Si je tiens à constater ces principes, c'est parce que les auteurs contemporains me paraissent s'être mépris sur leur portée, et en avoir fait à tort la base de l'indivisibilité de la garantie. Ce qui en ressort, c'est uniquement ceci : la défense, présentée par un seul, libère tous les héritiers, et l'héritier qui défend ne peut pas présenter une partie des moyens. Mais est-ce à dire que la défense soit indivisible ? Pas le moins du monde. Jusqu'ici, nous n'avons pas examiné la défense en elle-même, nous avons examiné seulement les moyens qu'elle met en œuvre, la procédure de la défense. Cette procédure ne peut pas être faite pour partie, voilà ce qu'il y a de vrai, et la seule conséquence à en tirer, c'est que les héritiers, qui doivent être tous appelés, sont en même temps appelés *in solidum.* Mais la défense n'est pas la procédure, et c'est pour avoir confondu ces deux choses qu'on s'est encore laissé aller de nos jours à d'anciennes erreurs. La défense, c'est le gain du procès engagé. Peu importe que j'aie multiplié les productions de titres, de moyens de toute sorte en votre faveur ; si vous succombez, je ne puis pas dire que je vous ai défendu. La question à poser est donc celle-ci : quand les moyens accueillis pour partie ont été repoussés pour le surplus, ou quand la demande n'a été combattue que pour partie, pour un quart par exemple, parce qu'il n'y avait pas pour le surplus de moyens à présenter, l'héritier qui a défendu a-t-il exécuté en partie l'obligation de défendre? Pour moi, la réponse n'est pas douteuse; car il s'agit tout simplement de se demander si un procès peut ou non être gagné pour partie. Puisqu'il est clair que cela est non-seulement possible, mais inévitable dans bien des cas, je ne vois pas pourquoi le mandat ou l'obligation de défendre, qui porte sur une chose si essentiellement divisible, ne le serait pas aussi.

Mais ai-je bien posé la question? car, en vérité, la solution me semble si naturelle, quand on l'examine ainsi, que je sens qu'il faut justifier les termes mêmes dans lesquels je la présente. Comment Dumoulin, véritable auteur de la doctrine de l'indivisibilité, la soutient-il? L'obligation de défendre est indivisible, dit-il, « *quia hæc obligatio respicit unicam et integram* « *totius controversiæ defensionem, quasi certam quam-* « *dam formam*[1]. » Et ce motif est aussi le seul donné par Pothier[2]. Dumoulin ajoute ailleurs : «*Non minus* « *est individuum quam certam domum ædificare*[3]. » Ainsi il regarde la défense comme un ensemble indivisible, un tout qui ne peut pas être fourni par partie; Res *vel causa non dicitur defendi nisi in solidum defendatur*[4]. Il n'y a plus à se méprendre sur sa pen-

1-3-4 Dumoulin, nᵒˢ 496, 412, 428-442.
2 Pothier, *Vente*, nᵒ 104.

sée : l'indivisibilité consiste, selon lui, en ce que l'obligation n'est pas acquittée, si la défense appuyée sur tous les moyens à son service, n'a pas pour conséquence de protéger le garanti pour le tout, de lui maintenir pour le tout la chose (*rem*) qu'on lui dispute. Il admet parfaitement la possibilité d'une défense partielle, mais il n'admet pas que le triomphe partiel de la défense décharge d'autant celui qui l'a présentée. *Fateor fieri posse ut quis pro parte defendat et pro parte non. Sed hoc verum est citra contractum et obligationem ad defendendum, vel etiam post contractum de consensu stipulatoris, admittentis defensionem in parte, quem admodum domus, statua, fossa citra contractum fieri possunt pro parte et adhuc post contractum, de voluntate creditoris*[1].

Ainsi Dumoulin ne confond pas, comme MM. Troplong et Marcadé, la défense avec les moyens de défense. Sans doute les moyens ne peuvent pas être présentés par chacun pour partie; sans doute encore l'un des héritiers, en les présentant pour le tout, peut, s'il triomphe, libérer ses co-héritiers en même temps que lui, bien que cependant la tâche soit ordinairement plus difficile à remplir par un seul que par tous, *licet, ut plurimum, facilior (obligatio) omnibus simul*[2]. Mais ce n'est pas ce qui peut rendre l'obligation indivisible. Dumoulin ne s'y méprend pas et il place la question sur son véritable terrain.

[1-2] Dumoulin, l., 442, 461.

Selon lui on ne peut pas défendre pour partie, c'est-à-dire que celui qui a gagné le procès pour moitié seulement n'est libéré en rien de son obligation de défendre, bien qu'il ait présenté les moyens pour le tout, parce qu'une défense partielle n'est pas une défense; la défense est un tout indivisible : le débiteur ne peut s'en libérer qu'en gagnant le procès pour le tout, de même que le débiteur d'une statue ne peut se libérer de son obligation qu'en offrant la statue tout achevée.

J'avais donc raison de prétendre que se demander si l'obligation de défendre est indivisible, c'est, en fin de compte, se demander si on peut ou non gagner un procès pour partie. J'ai déjà expliqué comment cette prétendue indivisibilité me paraissait inadmissible; mais, vu l'importance de la question, je crois devoir m'arrêter un instant à quelques points qui sont de nature, selon moi, à démontrer le peu de solidité de la doctrine de Dumoulin.

Cumanus et d'autres docteurs, qui suivaient son opinion, regardaient la divisibilité de la *défense* comme établie par la divisibilité de son corrélatif, l'*action* : on peut, disaient-ils, agir pour partie, contrevenir pour partie à la stipulation *amplius non agi*, donc on peut défendre pour partie; un litige est aussi bien divisible pour le *reus* que pour l'*actor*. Dumoulin reconnaît lui-même la force de l'argument : il le combat par une raison qui est loin d'être concluante, car on pourrait l'appliquer à la poursuite aussi bien qu'à la défense. L'obligation de défendre est indivisible, dit-il, *quia ex quo istud defendere non stat in abstracto sed in concreto relatum ad certam rem defendendam non minus est individuum quam certam domum œdificare*[1]. On le voit, la réponse n'explique rien, et l'objection reste dans toute sa force.

Mais ce passage de Dumoulin nous ramène à une idée qu'il ne fait aucune difficulté d'admettre, comme on a déjà pu le voir, c'est que l'obligation de garantie est, de sa nature, parfaitement divisible : *Fatcor fieri posse ut quis pro parte defendat et pro parte non.* Elle ne peut pas être rangée dans la classe des choses indivisibles *contractu : Non est individua ex necessitate ut servitus prœdialis.* Elle est seulement, d'après lui, indivisible *obligatione*[2]. Or, il me paraît impossible d'attribuer un pareil caractère à l'obligation de défendre, due par l'acheteur. En effet, ce caractère ne peut s'attacher à une chose, dans l'espèce à l'obligation de défendre, qu'autant que les parties ont envisagé la défense comme un tout, *quasi certam quamdam formam.* Elles ne peuvent être censées l'avoir fait que s'il apparaît qu'elles ont regardé la chose vendue elle-même comme un tout indivisible, car la défense est simplement sous-entendue dans la vente. L'intention des parties ne se manifeste que relativement à la chose vendue. Quand ils l'ont considérée comme divisible, on doit regarder comme tel leur contrat tout entier, et rien absolument ne peut autoriser à penser que la défense, divisible de sa nature,

---

[1-2] Dumoulin, n°ˢ 412, 496.

ait changé de caractère, de par la volonté des parties, pour devenir indivisible *obligatione*. C'est une supposition plus que téméraire, puisque les parties n'ont manifesté aucune idée d'indivisibilité, ou que même elles ont manifesté l'idée contraire. Au surplus, on peut tenir le même langage à Dumoulin dans toute autre circonstance, c'est-à-dire quand bien même la défense aurait été convenue séparément et nommément dans un contrat dont elle aurait été l'objet unique. Il reconnaît, en effet, que l'obligation de défendre, parfaitement divisible *in abstracto*, devient indivisible seulement quand on la considère *in concreto* et comme se référant *ad certam rem defendendam*. Il en résulte nécessairement, à ce qu'il me semble, que cette relation, cause unique de l'indivisibilité, ne peut pas produire l'effet qu'il lui attribue, si cette *certa res defendenda* a été regardée comme divisible par les parties. Et puisqu'on peut convenir que la défense sera divisible et que l'indivisibilité cesse *de consensu stipulatoris*, ne doit-on pas admettre l'existence tacite de cette convention et de ce consentement, quand les parties se réfèrent à une chose regardée par elles comme divisible. Ce serait évidemment plus naturel que de poser une *présomption* d'indivisibilité *obligatione* qui n'est fondée sur rien.

Une pareille indivisibilité n'a véritablement pas de raison d'être ; elle ne répond à aucune nécessité ; elle est en dehors de la nature des choses. Et il ne faut pas s'y tromper, Dumoulin ne professe pas pour sa doctrine, au point de vue rationnel, plus d'estime qu'elle n'en mérite. Il l'a élevée laborieusement sur les textes romains, et, après tant d'efforts pour la construire, on est étonné de l'entendre la traiter avec une si rude franchise : *Hœc* SUBTILITAS *defensionis individuœ non est a jure* INVENTA, *nec introducta, nisi ut commodius negotium expediatur..... et obligationi citius et melius satisfiat* [1]. Il est vrai qu'il justifie cette *subtilité* : elle aurait été introduite pour l'expédition plus prompte et plus avantageuse du recours en garantie. Mais c'est évidemment un motif bien malheureux de la part de Dumoulin ; car il n'admet aucune des conséquences pratiques que pourrait avoir l'indivisibilité.

Maintenant nous pouvons conclure avec plus de hardiesse, en empruntant les termes de Dumoulin lui-même, que sa doctrine n'est qu'une subtilité sans fondement dans la raison, en contradiction avec la nature des choses, sans autre base qu'une prétendue invention, ou, si l'on veut, une prétendue disposition arbitraire du droit dont on ne peut pas rapporter de motifs. La doctrine de Dumoulin, cela est évident, repose uniquement sur une interprétation des plus laborieuses des textes romains. Qu'elle soit exacte ou non, peu importe ! Aujourd'hui que les lois romaines n'ont plus chez nous qu'une autorité de raison, quand bien même elles décideraient très-clairement que l'obligation de défendre est indivisible, une pareille base ne suffirait pas à nous faire admettre un principe qui n'est véritablement fondé sur rien. Et cependant,

---

[1] Dumoulin, n° 502.

cette doctrine est encore présentée aujourd'hui comme inattaquable, comme inébranlablement fixée par l'irrésistible dialectique de son auteur. Comment M. Troplong, qui conseille avec tant de raison la lecture de Dumoulin, au lieu de s'appuyer aveuglément et sans réserve sur l'opinion du maître, n'en a-t-il pas, au contraire, signalé au moins les plus frappantes contradictions ? Un examen plus rigoureux l'aurait convaincu qu'il ne fallait pas traiter avec tant de dédain la doctrine contraire, ni opposer à l'arrêt de la Cour de cassation, qui l'a admise, cette critique si hautaine qui lui fait dire que cet arrêt n'est qu'un *paradoxe sans fondement dans le droit*, et « qu'il ne « sera pas difficile de faire rentrer ces opinions ou, « pour mieux dire, ces erreurs, dans l'oubli d'où « elles n'auraient jamais dû sortir[1]. »

La divisibilité de la garantie me paraît surabondamment démontrée ; mais enfin, si les partisans de l'indivisibilité de l'exception ne se tiennent pas pour battus, s'ils persistent à prétendre qu'on doit écarter pour le tout la revendication intentée contre l'acheteur par un héritier pour partie, nous pouvons encore établir, en dehors de l'idée de divisibilité de la défense, que leur prétention est impossible, parce que, d'une part, l'obligation de défendre n'est pas une obligation précise, et que, de l'autre, elle n'est pas une obligation principale, mais simplement une obligation accessoire.

Nous pouvons, cette fois, invoquer l'autorité de

[1] Troplong, n° 438.

Pothier, qui a parfaitement expliqué ces deux points[1]. Et du reste, pour commencer par le premier, il semble si clair que la solution va de soi. Le vendeur ni ses héritiers ne peuvent pas être contraints à soutenir un mauvais procès, à combattre une demande parfaitement fondée. Outre que cela serait immoral, cela serait encore contre les principes certains du droit, car nul ne peut être tenu à une chose impossible. Si donc la défense ne constitue pas une obligation précise, il ne reste plus que l'obligation d'indemniser, qui ne permet de faire rejeter la demande de l'héritier qui revendique contre l'acheteur, que pour sa part héréditaire. Pour le surplus, l'héritier n'est qu'un tiers, un étranger ; sa demande ne doit donc pas être repoussée, car, pour ce surplus, il n'est pas davantage obligé à défendre contre lui-même une cause injuste, qu'il ne serait obligé à la défendre contre toute autre personne : *Sicut unus hœredum non tenetur in aliquo defendere emptorem in causâ injustâ, ità nec contrà seipsum in quantum tertius est et extraneus* [2].

Enfin, la défense, de quelque nature qu'elle soit, n'est toujours et ne peut être qu'une obligation subordonnée à l'obligation *prœstandi rem habere licere ;* elle cesse quand celle-ci est remplie, parce que celui qui n'est pas obligé de faire jouir ne peut pas être obligé de défendre. Or, l'héritier pour un quart, qui revendique contre l'acheteur pour les trois

[1] Pothier, *Vente,* n° 173.
[2] Dumoulin, n° 500.

quarts seulement, satisfait complétement à son obligation principale : il doit en conséquence être traité
comme un étranger et triompher dans sa demande,
comme triompherait un étranger. Si la chose n'avait
pas été livrée, l'héritier serait certainement quitte
en délivrant sa part; sa position ne doit pas être
plus mauvaise que si le défunt n'avait pas livré; il
serait étrange qu'en exécutant la première obligation qui lui était imposée par la vente, le vendeur
ait empiré la condition de son héritier; la fidélité du
défunt à son engagement ne doit pas avoir pour l'héritier des conséquences que son manque de foi n'aurait pas eues.

Ainsi, toute difficulté disparaît quand on considère
exactement l'obligation de l'héritier à quelque point
de vue que l'on se place. Et, par exemple, si l'on
voulait bien chercher à la qualifier, à déterminer en
quoi elle consiste véritablement, on arriverait facilement, il me semble, à reconnaître qu'il est impossible qu'on défende quelqu'un contre soi-même, qu'on
soit à la fois demandeur et défendeur dans la même
cause : en ce qui concerne son fait, l'héritier ne peut
donc pas être tenu d'une obligation de défendre;
mais cette obligation se trouve convertie en une autre
qu'elle comprend nécessairement dans ses termes, et
qui est l'obligation de ne pas agir, laquelle est parfaitement divisible de l'aveu de tous. J'ai même tort
de dire que cette obligation de ne pas agir est produite par une conversion nécessaire de l'obligation
de défendre; la vérité est, qu'elle est la seule et l'uni-

que obligation dont l'héritier ait jamais été tenu relativement à son propre fait. Le vendeur promet, par le contrat, de faire en sorte que personne n'inquiète ni ne trouble l'acheteur, d'où l'on peut faire découler, je l'accorde, l'obligation de défendre contre toute attaque dirigée par des tiers; mais, en ce qui touche son propre fait et celui de ses représentants, le vendeur promet *per se venientesque a se personas non fieri quominùs habere liceat*[1]; c'est-à-dire qu'il prend l'engagement pour lui et ses héritiers, non pas de défendre, mais de s'abstenir de tout trouble contre l'acheteur, de ne pas l'attaquer, de ne pas agir; promesse qu'Ulpien[2], et à sa suite tous les interprètes du droit, ont toujours déclaré parfaitement divisible. Qu'on n'oppose donc pas à l'héritier la prétendue indivisibilité de l'exception de défense, car il n'a jamais été tenu de défendre contre son propre fait; sa véritable, son unique obligation est celle de ne pas agir, et il n'en est tenu qu'en proportion de la part pour laquelle il représente le défunt.

Je ne puis m'empêcher de remarquer en finissant que, si l'obligation de défendre était à la fois une obligation indivisible, absolue et principale, il faudrait rayer du droit l'idée d'éviction partielle, car on devrait décider logiquement, toutes les fois qu'une partie quelconque de la chose est enlevée à l'acheteur, que le vendeur a manqué pour le tout à son

---

[1] L. 11, § 18, *de Act. empt.*
[2] L. 4, § 1, *de Verb. oblig.*

obligation de défendre, et que dès lors il est tenu du recours de l'acheteur comme en cas d'éviction totale. Il faudrait encore, si l'obligation de défendre était absolue et principale, repousser la décision si certaine qui laissait à la charge de l'acheteur, dans l'ancienne jurisprudence et dans le droit romain, l'éviction provenant *ex injuriâ judicis*, et cette autre décision suivie encore par les jurisconsultes de nos jours, et qui refuse le recours à l'acheteur quand le jugement qui a prononcé l'éviction n'a pas été exécuté ; ces deux décisions ne seraient que fausseté, la première parce que la défense aurait toujours dû se poursuivre aux risques de celui qui la devait ; la seconde parce que toute condamnation prouverait que l'obligation de défendre n'a pas été exécutée, et engendrerait par elle-même l'action contre le vendeur.

Le faux principe de l'indivisibilité, dont je viens de signaler l'incompatibilité avec l'éviction partielle, avait entraîné Dumoulin et Pothier [1] à décider que l'acheteur, évincé pour partie par l'héritier, a le choix ou de garder le surplus, ou de lui délaisser le tout et d'exercer un recours complet contre tous les héritiers. Pourtant Dumoulin, et c'est là, il me semble, une nouvelle contradiction de sa doctrine, n'admet pas la même conséquence quand l'éviction provient d'un tiers, car il dit ailleurs : *Si pars evincitur a tertio, tenetur (venditor) de evictione tantum, non autem cogi-*

---

[1] Dumoulin, n° 506.—Pothier, n° 173.

tur contractum resolvere [1]. Si j'ai relevé cette décision de Dumoulin et de Pothier, c'est uniquement parce qu'elle a été reproduite de nos jours par M. Troplong [2] ; l'éminent jurisconsulte n'a pas fait attention que, d'après le Code, l'acheteur évincé pour partie ne peut demander la résiliation de la vente que dans le cas et pour les motifs exprimés dans l'article 1636.

Et maintenant que nous sommes arrivé au terme de cette trop longue discussion, résumons les principes que nous avons essayé d'en faire sortir :

1° Les héritiers du vendeur doivent tous être appelés en garantie ;

2° Les moyens de défense ne peuvent pas être présentés autrement que pour le tout ;

3° La défense est divisible et l'acheteur peut être défendu pour partie ;

4° L'obligation de défendre n'est pas une obligation absolue ; de plus, elle n'est pas une obligation principale : elle est subordonnée à l'obligation *præstandi rem habere licere ;*

5° Le vendeur et ses héritiers ne sont pas tenus relativement à leur propre fait de l'obligation de défendre, mais de l'obligation de ne pas agir.

§ IV.—*A qui et contre qui est accordée l'exception de Garantie.*

L'exception de garantie appartient à tous ceux qui pourraient intenter l'action : *Cui damus actiones,*

---

[1] Dumoulin, même traité. (*Extricatio labyr. div. et ind.*) 3ᵉ partie; nᵒ 647.

[2] Troplong, nᵒ 457.

eidem et exceptiones competere multo magis quis dixerit [1].

Elle est opposable à tous ceux qui sont tenus de la garantie, c'est-à-dire d'abord au vendeur et à ses héritiers, ou, pour employer un terme plus large, à tous ses successeurs à titre universel. On se demande si elle est opposable au donataire universel ou à titre universel, que Pothier comprenait sans difficulté parmi les successeurs qui en sont tenus : la solution de ce point dépend de la question de savoir si ce donataire est obligé aux dettes de son auteur. Je ne fais qu'indiquer cette question, parce que sa discussion repose sur des principes tout à fait en dehors de notre matière, et qu'elle nécessiterait une digression peut-être un peu déplacée et beaucoup trop longue.

La caution ne peut pas plus évincer l'acheteur que le vendeur lui-même, avec lequel elle s'est obligée à garantir. D'anciens auteurs, et notamment Despeisses, ont prétendu que les héritiers de la caution ne pouvaient pas être repoussés par l'exception de garantie. Ils se fondaient sur la loi 31 au Code, *de Evict.*, qui leur semblait le décider ainsi. Cujas a montré que cette loi ne devait pas être entendue dans ce sens [2]. M. Duranton a pourtant reproduit cette ancienne opinion [3]; mais elle est rejetée avec raison par les auteurs qui ont écrit depuis, car tout

---

[1] L. 156, § 1, *de Reg. juris.*
[2] V. *suprà*; page 75
[3] Duranton, n° 254.

héritier sans exception succède aux obligations de son auteur : par conséquent l'héritier de la caution ne peut pas plus évincer l'acheteur que la caution elle-même n'aurait pu le faire.

Pothier explique très-bien que la caution ne doit pas être admise à opposer le bénéfice de discussion, afin d'éviter, si le vendeur est solvable, le rejet de sa demande par l'effet de l'exception de garantie. En effet, la caution n'a le droit de renvoyer à discuter le débiteur principal, que lorsque celui-ci peut acquitter la dette ; or, dans l'espèce, il n'y a que la caution qui puisse faire jouir l'acheteur en renonçant à l'évincer. Il est vrai que le vendeur pourrait être condamné à payer les dommages-intérêts qui seraient dus pour l'éviction ; mais ce n'est là qu'une obligation secondaire, dont l'acheteur n'est pas forcé d'accepter l'acquittement, tant que l'obligation principale peut être exécutée par l'une des personnes qui en sont tenues.

L'héritier bénéficiaire du vendeur ou de la caution, ne confondant pas son patrimoine particulier avec celui du défunt, ne peut pas être repoussé par l'exception de garantie, quand il agit de son chef et non comme héritier. L'acheteur attaqué par lui sera donc obligé de subir l'éviction, sauf à exercer ensuite son recours contre les biens héréditaires.

L'exception de garantie est opposable au vendeur lui-même quand la chose vendue ne lui appartenait pas et que, depuis la vente, il est devenu propriétaire de cette même chose, ou qu'il a acquis quelque droit sur elle. S'il tente de troubler l'acheteur, celui-ci fera rejeter sa demande en lui opposant l'exception.

Elle s'applique aux successeurs du vendeur quand ces successeurs avaient, lors de la vente, ou ont acquis depuis quelque droit, de leur chef, sur la chose vendue par leur auteur. La demande, qu'ils formeraient contre l'acheteur, en raison de cette chose, serait repoussée en proportion de la part, pour laquelle ils représenteraient le vendeur.

M. Troplong se demande si une mère tutrice qui a vendu sans formalités, mais sans garantie et en sa qualité de tutrice, un immeuble appartenant à son fils mineur, dont elle est devenue plus tard héritière, peut évincer l'acheteur. Après avoir rapporté des autorités pour et contre, il décide l'affirmative, parce que la mère tutrice n'était tenue d'aucune garantie personnelle[1]. C'est là, selon moi, une erreur évidente, car il y a une garantie dont le vendeur est toujours tenu, même quand il serait convenu du contraire : la garantie de son fait personnel, et la mère tutrice doit y être soumise comme tout autre. De plus, il serait tout à fait contre la bonne foi de l'admettre à ne pas ratifier, comme héritière de son fils, ce qu'elle a fait elle-même, dans l'intérêt de ce dernier, comme sa tutrice.

La solution peut paraître plus douteuse, si l'on suppose l'espèce inverse. Un tuteur a vendu un im-

---

[1] Troplong, nᵒ 460.

meuble au nom de son mineur, sans observer les formalités prescrites et sans se porter personnellement garant, et le mineur, devenu héritier de son tuteur, revendique cet immeuble. Ici on ne peut pas opposer au revendiquant son fait personnel, mais simplement le fait de son auteur. MM. Troplong et Duvergier décident que son action ne peut pas être repoussée, parce que l'éviction procède d'un vice de forme imputable à l'acheteur aussi bien qu'au tuteur, et parce que celui-ci ne s'est pas personnellement obligé à la garantie [1]. Ce raisonnement revient à dire : le tuteur agissait au nom du mineur et le mineur n'est pas obligé par une vente irrégulière, ni par l'acte de son auteur qui n'a pas contracté d'engagement personnel. Je préfère la décision contraire, adoptée par un arrêt de cassation et suivie par M. Marcadé [2]. Tout héritier est tenu du fait de son auteur : voilà la règle, et il serait singulier qu'on prétendît s'en écarter, uniquement parce que ce fait est intervenu au nom et dans l'intérêt de l'héritier. Je crois, du reste, que celui qui vend dans de telles circonstances contracte toujours l'engagement personnel, que ni lui ni ses héritiers ne troubleront l'acheteur. La loi romaine le décidait ainsi pour le simple mandataire [3]; nous devons à plus forte raison le décider pour le tuteur agissant en dehors des rè-

---

[1] Troplong, n° 446 ; Duvergier, n° 354.

[2] Rejet, 14 janvier 1840 ; Dalloz, 40, 1, 122 ; Marcadé sur l'article 1629, vii.

[3] L. 49. *Mandati.*

gles que la loi impose à son mandat, surtout lorsqu'il s'agit d'opposer une vente au mineur qui en a profité. Enfin le mineur doit ratifier, sous peine de manquer à la bonne foi, l'acte fait par son tuteur, dont il est devenu, héritier. Cette ratification doit même être la suite de l'acceptation qu'il a faite de la succession du tuteur : il le représente, par l'effet de cette acceptation, il continue sa personne, de sorte qu'il est censé avoir fait lui-même l'acte émané de son auteur.

La femme qui accepte la communauté participe pour moitié aux obligations contractées par son mari durant le mariage, et, par conséquent, elle est tenue pour moitié de la dette de garantie attachée aux ventes qu'il a faites. Il en résulte que, si le mari a vendu un héritage propre à la femme, celle-ci ne peut le revendiquer que pour moitié. Elle serait repoussée dans sa demande de l'autre moitié, comme étant tenue pour cette portion de la garantie due à l'acheteur. Il faut en excepter le cas où la perte, résultant de cette obligation de garantie, s'élèverait au-delà de son émolument constaté par bon et fidèle inventaire : la dette de garantie cesserait alors pour la femme, en raison du bénéfice que lui accorde l'art. 1483, et sa revendication contre l'acheteur serait admise pour le tout.

CHAPITRE VI.

Des effets de la Garantie.

Nous savons que le recours de l'acheteur a deux chefs distincts : en premier lieu la restitution du prix, en second lieu les dommages-intérêts, s'il en est dû. Nous examinerons le recours de l'acheteur dans ces deux chefs successivement.

§ 1.—*Premier chef du recours de l'acheteur. Restitution du prix.*

Ce premier chef est celui que Dumoulin appelait *caput perpetuum*, parce que la répétition du prix peut toujours être exercée et exercée intégralement, quelle que soit la dépréciation de la chose au moment de l'éviction, et quand bien même elle ne se serait produite que par la faute ou la négligence de l'acheteur. Ainsi, la restitution du prix entre toujours, et toujours d'une manière invariable, dans le recours de l'acheteur, toutes les fois que l'éviction produit un recours.

Nous savons de plus que le premier chef est presque toujours dû, toutes les fois qu'il y a éviction : il faut, pour le bannir, que l'intention des parties, à ce sujet, ait été très-formellement exprimée ou résulte d'une manière très-certaine des circonstances de la vente. Ainsi, il est dû et seul dû, à l'exclusion du second chef, quand il y a eu clause de non-garantie ou connaissance, par l'acheteur, du danger de l'éviction.

A l'inverse, ce premier chef disparaît quand il s'agit de l'éviction d'une partie seulement de la chose vendue, ou de l'éviction de ce qui en reste ou de ce qui en est provenu, comme nous le verrons lorsque nous parlerons de l'éviction partielle : dans tous ces cas, le recours de l'acheteur se borne au second chef de l'action en garantie, les dommages-intérêts.

On doit comprendre dans le prix les pots-de-vin ou *épingles* que l'acheteur a payés en sus de la somme portée au contrat, car ils forment en réalité une partie du prix ; le vendeur en a profité comme du prix lui-même, et il doit également les restituer.

L'acheteur est obligé de déduire sur le prix qu'il répète :

1° Les sommes qu'il aurait déjà touchées du vendeur, soit pour défaut de contenance, soit pour une charge réelle non déclarée, soit en raison d'un vice caché de la chose vendue, car le prix se trouve en réalité diminué d'autant ;

2° Il doit déduire aussi le produit des dégradations dont il a profité, par exemple, des coupes de bois qu'il a faites sur le fonds vendu : en effet, il s'est lui-même remboursé du prix jusqu'à concurrence de ce produit ;

3° Il doit déduire encore ce qu'il aurait reçu du propriétaire, auquel il a été forcé de délaisser, pour la plus-value résultant des améliorations faites par le vendeur, antérieurement à la vente. Cette plus-value était entrée dans le prix de vente pour une certaine portion, et le prix se trouve diminué d'autant par le remboursement effectué par le propriétaire entre les mains de l'acheteur.

On admet généralement que la répétition intégrale du prix souffre exception, lorsque l'objet de la vente consiste en un droit temporaire comme un bail, un usufruit, une rente viagère. Il est bien vrai que le Code regarde l'usufruit et la rente viagère comme des êtres moraux, produisant des fruits, et conservant une existence toujours complète jusqu'au jour où ils s'éteignent; mais en fait, ce sont bien plutôt des êtres successifs; chaque produit annuel est en réalité une fraction du capital. L'acheteur évincé après vingt années de jouissance d'un usufruit, dont la durée était de trente ans, ne peut pas de bonne foi prétendre qu'il perd l'usufruit tout entier, tel qu'il lui a été vendu. En cas d'éviction d'un semblable droit, la répétition du prix doit donc se borner à la fraction qui représente les années de jouissance restant encore à courir. Cette fraction se détermine en divisant le prix en autant de parties que le droit devait durer d'années, de manière que la restitution ne s'abaisse jamais aux produits du droit, si ces produits sont inférieurs à la partie pour laquelle ils sont entrés dans le prix. Au contraire, si ces produits sont supérieurs, au moment de l'éviction, à cette même partie du prix, on l'augmente de la plus-value telle qu'elle existe ; cette plus-value doit, en effet, être remboursée à l'acheteur, en vertu du second chef de son recours.

Dumoulin et Pothier, décidaient qu'il n'y avait également lieu qu'à une restitution partielle du prix, dans la vente des êtres physiques qui ont une durée bornée, comme un animal qu'on achète pour ses services, quand l'acheteur n'est évincé qu'après un certain temps de jouissance. MM. Duvergier et Marcadé suivent cette décision [2]. Au contraire, M. Troplong la repousse [3]. Peu importe, selon lui, que l'animal enlevé à l'acheteur ait vieilli, que le cheval qu'il a acheté se soit usé à son service, c'est toujours le même cheval qui a été vendu ; il y a éviction totale, et par conséquent le prix entier doit être rendu. Il est vrai qu'il a diminué de valeur; mais, dit M. Troplong : «l'article 1631 ne veut pas qu'on s'en « inquiète, et sur ce point il est trop absolu pour « donner accès aux scrupules exagérés, et peut-être « trop subtils de Dumoulin. » Je ne crois pas que l'opinion de Dumoulin mérite ce reproche de subtilité; elle me paraît au contraire fort exacte. Quand on achète une chose, ce n'est pas ordinairement son individualité physique que l'on considère, mais l'utilité qu'elle peut procurer. C'est pourquoi l'acheteur évincé de l'usufruit peut recourir contre son vendeur, quoique physiquement la chose lui reste tout entière. A l'inverse, comment pourrait-il répé-

---

[1] Dumoulin, *de Eo quod interest*, nos 127 et 128.—Pothier, *Vente*, 163.
[2] Duvergier, no 362 ; Marcadé, art. 1635, IV.
[3] M. Troplong, no 494.

ter le prix entier, quand il a retiré une grande partie
de l'utilité de la chose, et qu'il ne perd presque rien
à l'éviction? L'article 1631, qui laisse à la charge du
vendeur la diminution survenue dans la valeur de la
chose, ne le condamne pas nécessairement, dans notre espèce, à restituer tout le prix : il peut répondre
par l'article 1632, qui l'autorise à retenir sur ce
prix les détériorations dont l'acheteur a tiré profit.
Or, il est certain que la diminution de valeur du
cheval vendu est causée par le temps qui se confond
avec la jouissance et les services mêmes de l'animal;
l'acheteur qui en a profité ne peut donc pas répéter
la portion du prix qui les représente.

Il nous reste à nous demander si, en cas de perte
partielle de la chose, on doit faire une diminution
proportionnelle sur le prix, ou si, au contraire, il
doit être restitué en entier, comme lorsque la chose
se trouve détériorée. MM. Troplong et Marcadé [1]
décident que le prix doit être restitué en entier,
le premier en s'appuyant sur la lettre; le second
en invoquant l'esprit seulement de l'article 1631,
ainsi conçu : « Lorsqu'à l'époque de l'éviction, la
« chose vendue se trouve *diminuée de valeur*, ou con-
« sidérablement détériorée, soit par la négligence
« de l'acheteur, soit par des *accidents de force ma-
« jeure*, le vendeur n'en est pas moins tenu de restituer
« la totalité du prix. » Je ne crois pas qu'on doive
donner cette étendue ni aux termes ni à l'esprit de

---

[1] Troplong, 487; Marcadé, art. 1635, 11.

notre article; ce serait déroger formellement à la doctrine de Pothier, que les rédacteurs ont constamment suivie, et il faudrait pour cela une disposition expresse qui n'existe nulle part. L'article 1631 presqu'entier est copié sur un passage de Pothier, où il est dit que le vendeur doit restituer le prix entier « quand même la chose vendue aurait été, depuis le « contrat de vente, *considérablement détériorée, soit* « *par la négligence de l'acheteur, soit par des accidents* « *de force majeure*, de manière qu'elle se trouverait, « lors de l'éviction, d'une valeur beaucoup inférieure « au prix pour lequel elle a été vendue[1] »; or, Pothier n'entendait parler que des détériorations, puisqu'il décide formellement que la perte partielle retombe sur l'acheteur[2], et on ne peut guère donner ni aux termes ni à l'esprit de l'article une plus grande portée, quand rien n'indique que les rédacteurs, en reproduisant les expressions mêmes de Pothier, ont voulu étendre sa pensée. On doit être d'autant moins porté à leur prêter des idées novatrices, qu'ils déclarent expressément vouloir se borner à rappeler et à consacrer les principes anciens. C'est ce qui résulte d'un passage de l'exposé des motifs du projet de loi sur la vente, présenté au Corps législatif par M. Portalis[3], qui, venant à parler de la garantie, s'exprime ainsi : « Nous n'entrerons « point à cet égard dans des détails inutiles. On se

---

[1], [2] Pothier, *Vente*, n° 118 et n° 153 et suiv.
[3] Fenet, t. XIV, p. 118 et 199.

« convaincra par la seule lecture du projet, qu'*il ne*
« *fait que rappeler* les maximes consacrées par la
« jurisprudence de tous les temps, et liées aux prin-
« cipes de l'éternelle équité. » Et M. Grenier, parlant au nom du Tribunat, tient le même langage :
« Le projet de loi règle ce qui doit être restitué à
« l'acquéreur en cas d'éviction d'une manière posi-
« tive, et *d'après les principes reçus jusqu'à présent*[1]. »
Gardons-nous donc de prêter trop légèrement aux
rédacteurs du Code, des innovations qu'ils n'ont pas
eu la pensée d'introduire. M. Marcadé reconnaît bien
que l'article 1631 ne tranche pas la question par ses
termes, « mais, dit-il, on ne saurait évidemment
« traiter le vendeur plus avantageusement, ni l'ache-
« teur plus durement, dans le cas de perte d'une
« partie de la chose, que dans le cas de détériora-
« tions résultant de la négligence même de cet ache-
« teur. » L'assimilation des deux cas n'est pas obligatoire le moins du monde.

Quand j'ai été évincé d'une chose détériorée, la
détérioration n'empêche pas que j'aie été évincé du
tout ; par conséquent, le vendeur a manqué pour le
tout à l'obligation de me faire jouir et il doit me rendre le prix entier. Mais lorsqu'une partie a péri avant
l'éviction, je n'ai pu être évincé que de ce qui restait, parce qu'on ne peut pas m'enlever ce qui
n'existe plus. J'ai été privé de la portion qui a péri,
non pas par éviction, mais par suite d'une force ma-

---

[1] Fenet, t. XIV, p. 198 et 199.

jeure qui doit retomber sur moi, qui suis acheteur. Je ne puis donc pas réclamer la portion du prix afférente à cette portion. C'est ce que Pothier établit avec beaucoup d'exactitude et de clarté. Mais, dira-t-on, en fait, détérioration et perte partielle arrivent au même résultat, la diminution de valeur de la chose, et la différence qu'on établit entre ces deux cas repose uniquement sur une subtilité. Je réponds que cette différence, en supposant qu'elle ne soit qu'une subtilité, est commandée par le système de Dumoulin et de Pothier, adopté par le Code. Sans doute, dans l'action *ex empto* du droit romain, qui n'avait qu'un seul chef, les dommages-intérêts dus à l'acheteur, les deux cas se trouvaient confondus, mais ils sont nettement séparés dans l'action *ex stipulatu*, dont les règles sur ce point ont été transportées au premier chef de notre action en garantie. En vertu de ce premier chef on oblige le vendeur à restituer invariablement le prix tout entier, malgré les détériorations ; c'est déjà le traiter fort mal, et on aggrave sa position de la manière la plus injuste, si, augmentant encore la rigueur de la doctrine de Dumoulin et de Pothier, on met de plus la perte partielle à sa charge. Je suppose un corps de bâtiments vendu 50,000 fr., réduit à une valeur de 40,000 fr. uniquement par suite de baisse dans les prix ; le feu du ciel en consume la moitié, de sorte qu'il ne vaut plus que 20,000 fr. quand un créancier hypothécaire évince l'acheteur. Quel est le tribunal qui, au lieu d'ordonner la restitution de 25,000 fr., moitié du prix, condamnera le vendeur à restituer le tout, c'est-à-dire 50,000 fr.? Je crois qu'on reculerait forcément devant une telle injustice. Elle serait plus frappante encore si l'on suppose que la perte, au lieu d'être de moitié, comprend les deux tiers, les trois quarts ou les quatre cinquièmes de la chose vendue, ou même n'en laisse subsister qu'une partie très-minime. Maintenons-donc les principes anciens sur la perte partielle de la chose, puisque rien n'y déroge dans le Code, et puisque la décision contraire aggraverait de la manière la plus injuste la position déjà si mauvaise du vendeur. Elle serait de plus en opposition formelle avec la règle que les risques de la chose concernent l'acheteur; c'est sur lui que doit retomber la perte partielle, comme tout autre cas de force majeure. L'éviction de ce qui reste ne doit pas changer sa position; il n'aurait pas pu, avant l'éviction, réclamer une indemnité pour ce qui a péri, il n'y a aucune bonne raison pour qu'il le puisse après.

Si le fonds vendu a été diminué d'un cinquième, par la rivière qui le borde, et que plus tard il se soit formé une alluvion qui l'a augmenté d'une certaine étendue, la restitution du prix continuera néanmoins à n'être due que pour les quatre cinquièmes. Le terrain apporté par l'alluvion ne doit pas être pris en considération pour le premier chef de notre action en garantie, pas plus qu'il ne l'était en droit romain pour l'action *ex stipulatu*; ce terrain n'a pas été vendu, et en conséquence il ne peut pas être question de répéter son prix. Mais si le fonds, tel qu'il

se comporte au moment de l'éviction, a une valeur
supérieure aux quatre cinquièmes du prix, répétés
en vertu du premier chef, l'alluvion entrera dans l'estimation de cet excédant, et ainsi elle sera comprise
dans le recours de l'acheteur en vertu du second
chef de l'action. Si au contraire le fonds, dans l'état
où il se trouve, ne vaut pas plus que les quatre cinquièmes du prix, comme l'alluvion n'entre pas dans
le premier chef du recours, l'acheteur en souffrira
l'éviction sans pouvoir rien répéter à ce sujet contre
le vendeur.

§ II.— *Second chef du recours. Dommages-intérêts.*

Ce second chef était appelé par Dumoulin *caput
casuale*, parce qu'à la différence du premier, il est
essentiellement variable, non – seulement dans le
montant des indemnités qu'il comprend, mais dans
son existence elle-même. En effet, il a pour but la
réparation du préjudice souffert par l'acheteur, et en
conséquence il contient la répétition de sommes
tantôt considérables, tantôt moindres, suivant l'importance du préjudice; il disparaît même tout à fait
du recours si l'acheteur n'a souffert aucun dommage
au-delà du prix; et de plus il disparaît encore s'il a
été exclu par dérogation à la garantie.

Ainsi il n'y a pas lieu à ce second chef :

1° Quand il y a eu clause de non-garantie, ou connaissance par l'acheteur du danger de l'éviction;

2° Quand l'acheteur se trouve complétement indemnisé par la restitution de prix.

A l'inverse, le recours de l'acheteur ne se produit que par ce chef seul, en cas d'éviction partielle, comme nous le verrons bientôt.

Les dommages-intérêts se composent :

1° De la restitution des déboursés faits par l'acheteur pour les frais et loyaux coûts de la vente, et pour les frais de la demande originaire et de la demande en garantie ;

2° Des indemnités dues à l'acheteur en raison des condamnations prononcées contre lui au profit du tiers qui l'a évincé ;

3° De la réparation du préjudice résultant pour lui de la privation de la chose vendue ;

4° Enfin de la réparation qui lui est aussi due, mais en certains cas seulement, pour le préjudice qu'il a souffert en dehors de la chose vendue, et dans ses autres affaires.

L'acheteur peut, en premier lieu, répéter les frais et loyaux coûts du contrat, et les frais accessoires de vente, tels que les droits d'enregistrement, les frais de transcription, de purge, de mesurage ; il peut répéter aussi les gratifications payées aux personnes qui ont servi d'intermédiaires pour l'accomplissement de la vente [1]. Les frais de la demande originaire et de la demande en garantie doivent également lui être remboursés ; toutefois, les frais de la demande originaire faits antérieurement à la mise en cause du vendeur ne peuvent pas être répétés (art. 2028), de

---

[1] Pothier, n° 131.

sorte que si l'acheteur n'exerce son recours que par action principale et après le jugement qui a prononcé l'éviction, il ne peut demander que le remboursement du coût de l'exploit introductif d'instance [1]. Mais les frais de la demande originaire, bien que nous les comprenions dans le second chef de l'action en garantie, sont toujours supportés par le vendeur appelé en cause, même quand il ne serait tenu que de la restitution du prix, car cela suffit pour que l'acheteur puisse le sommer de venir le garantir.

Les condamnations prononcées contre l'acheteur au profit du revendiquant peuvent avoir pour objet : 1° la restitution des fruits perçus par l'acheteur depuis qu'il a cessé d'être de bonne foi ; 2° les dégradations par lui commises sur la chose vendue. Le vendeur doit l'indemniser de ces condamnations, sauf à déduire sur les dommages-intérêts, ou sur le prix, s'il n'y a pas lieu au second chef de l'action, les dégradations dont l'acheteur a profité, mais jusqu'à concurrence seulement du profit qu'il en a retiré (art. 1632).

Quand l'acheteur n'a pas profité des dégradations, il n'en doit compte au revendiquant que lorsqu'il les a faites postérieurement à la connaissance qu'il a eue des droits du demandeur. Le propriétaire ne peut rien réclamer pour les dégradations antérieures, car l'acheteur se croyant maître de la chose a pu se comporter à son égard comme bon lui semblait :

______

[1] Pothier, n°⁵ 109 et 128.

Qui quasi suam rem neglexit nulli querelœ subjec-tus est.

Autrefois les créanciers hypothécaires n'avaient droit à aucune restitution de la part du tiers détenteur; ils exerçaient leur action sur le fonds hypothéqué, dans l'état où il se trouvait lors de la poursuite [1]. Aujourd'hui ils sont, au contraire, plus favorablement traités que le propriétaire qui revendique, et l'article 2175, en raison de la publicité sur laquelle repose, dans notre législation actuelle, le régime hypothécaire, les autorise à répéter contre le tiers détenteur les dégradations qui proviennent de son fait ou de sa négligence; il doit se reprocher de les avoir faites, car il est censé avoir connu les droits des créanciers hypothécaires.

L'acheteur peut recourir contre son vendeur pour toutes les condamnations prononcées à ce sujet contre lui, même en raison des dégradations qu'il a commises depuis qu'il a eu connaissance du droit d'autrui, soit qu'elles procèdent de sa négligence, soit même qu'elles procèdent de son fait; « car, dit « Pothier, quoique l'acheteur ait eu tort de faire ces « dégradations vis-à-vis du propriétaire, il n'a pas « eu tort vis-à-vis de son garant [2]. » En effet, il devait compter que son vendeur le maintiendrait en possession, comme il y était obligé; et ce vendeur qui a manqué à son engagement, en laissant s'accomplir l'éviction, ne peut pas reprocher à l'acheteur d'avoir .

[1-2] Pothier, n° 125, n° 127.

cru, qu'il y serait au contraire complétement fidèle.
Il doit donc l'indemniser de toutes les condamnations
relatives aux dégradations. Il faut cependant en
excepter : 1° le cas où les dégradations n'auraient été
faites que par malice, dans la vue de faire peser plus
fortement sur le vendeur une éviction dont l'immi-
nence était constante ; 2° le cas où les dégradations
seraient postérieures à la demande du tiers qui a
évincé : à dater de cette demande, l'acheteur doit
s'abstenir de toutes dégradations, sinon il reste sans
recours[1].

M. Marcadé paraît avoir complétement méconnu
ces principes ; il prétend que le vendeur de mauvaise
foi, condamné envers le propriétaire, dont il avait
vendu la chose sciemment, à l'indemniser des dégradations provenant de la négligence de l'acheteur,
peut à son tour les répéter contre ce dernier ; il veut
même que le vendeur puisse les déduire sur le prix
qu'il est obligé de restituer[2]. Cette opinion est, du
reste, manifestement contraire à l'article 1631, qui
autorise l'acheteur à répéter le prix entier, même
quand la chose a été détériorée par sa négligence.
Les termes de cet article sont si absolus et si généraux, qu'il est vraiment impossible de leur faire souffrir une exception si large, ou plutôt une exception
qui deviendrait plus générale que la règle. En effet,
la décision que je combats implique forcément le

---

[1] Pothier, n° 127.
[2] Marcadé, sur l'art. 1635, n.

refus de tout recours à l'acheteur directement condamné pour dégradations envers le propriétaire.
Entendre ainsi l'art. 1631, ce n'est pas l'interpréter,
c'est le détruire; M. Marcadé arrive à ce résultat en
disant que les détériorations provenant de la négligence de l'acheteur ne doivent rester sans influence
sur la restitution du prix qu'autant qu'elles ne cau-
sent aucun préjudice au vendeur; au contraire, que,
s'il vient à souffrir de cette négligence de l'acheteur,
il peut s'en faire indemniser par application de
l'art. 1383. Mais ce dernier article est invoqué à tort
ici; car la négligence de l'acheteur ne peut pas lui
être reprochée par son vendeur. L'erreur de M. Marcadé est d'autant plus complète, que, dans l'espèce
qu'il présente, on peut supposer l'acheteur de bonne
foi : alors le propriétaire ne pourrait même pas
reprocher sa négligence à l'acheteur et le faire condamner à la réparer envers lui ; il est donc impossible,
surtout en pareil cas, que le vendeur ait la prétention
de faire de cette négligence un quasi-délit, dont il
lui serait dû réparation.

Nous arrivons aux deux derniers objets des dommages-intérêts qui peuvent être dus à l'acheteur;
ce sont ceux qui ont pour but la réparation du préjudice, résultant de la privation de la chose elle-
même, et du trouble que l'éviction a pu apporter
dans les autres affaires du vendeur.

A l'égard de ces deux objets, il existe de notables
différences entre l'obligation du vendeur de bonne
foi et l'obligation du vendeur de mauvaise foi. Par-

lons d'abord du vendeur de bonne foi, nous verrons ensuite en quoi le vendeur de mauvaise est plus rigoureusement tenu.

Les dommages-intérêts dus en raison de la chose elle-même, enlevée par l'éviction, peuvent avoir deux causes : les dépenses que l'acheteur a faites pour cette chose, et la plus-value dont elle excède le prix, restitué à l'acheteur en vertu du premier chef de son recours.

Les dépenses de l'acheteur doivent lui être remboursées en entier, quand ce sont des dépenses nécessaires, car il a été forcé de les faire pour la conservation de la chose. Au contraire, les dépenses simplement utiles ne lui sont dues que jusqu'à concurrence de la plus-value qu'elles ont produite : en effet, l'excédant n'est pas enlevé à l'acheteur par l'éviction ; il se trouvait perdu d'avance par suite du mauvais emploi de la somme dépensée (1634). Quant aux dépenses purement voluptuaires ou d'agrément, le vendeur n'est tenu à aucune indemnité, parce qu'il ne devait pas s'attendre à ce qu'elles seraient faites (1635).

Le plus souvent, l'auteur de l'éviction devra rembourser lui-même, en tout ou en partie, les dépenses de l'acheteur ; ses obligations à cet égard sont contenues dans les articles 555 et 2175 du Code civil ; mais elles sont moins étroites que celles du vendeur. Celui-ci sera donc tenu de faire compte à l'acheteur de tout ce qu'il n'aura pas déjà reçu du demandeur originaire. Ainsi, par exemple, ce dernier est quitte en remboursant au possesseur le montant de la dépense, quand il est inférieur à la plus-value ; le vendeur, en cas pareil, devra compléter la différence, afin que l'acheteur soit complétement indemnisé. Il peut arriver que la position de l'acheteur vis-à-vis du propriétaire qui l'évince soit encore bien plus mauvaise; s'il a fait des constructions sur le fonds, à une époque où sa bonne foi avait déjà cessé, le propriétaire peut se refuser à l'indemniser de ces dépenses, et le droit de l'acheteur se borne alors à enlever ce qu'il a construit. Là encore le vendeur est tenu de parfaire à l'acheteur le montant de la plus-value, pour tout ce qui excède la valeur des matériaux enlevés.

La plus-value de la chose, au moment de l'éviction, est toujours due à l'acheteur, soit qu'elle résulte de son fait, soit qu'elle résulte seulement des circonstances du temps. « Si la chose vendue, dit l'art. 1633, « se trouve avoir augmenté de prix à l'époque de « l'éviction, indépendamment même du fait de l'ac« quéreur, le vendeur est tenu de lui payer ce qu'elle « vaut au-dessus du prix de la vente. »

Dumoulin et Pothier décidaient que le vendeur ne doit pas cette plus-value entière, quand elle est tellement élevée qu'elle dépasse toutes les prévisions [1]. Dumoulin fixait même, d'après les lois romaines, le double du prix comme maximum de l'obligation du vendeur pour cet objet. Devons-nous limiter encore

---

[1] Dumoulin, *Tractatus de eo quod interest*, n°s 48, 57 et 11. — Pothier, *Vente*, 132, 133.

aujourd'hui l'indemnité due pour la plus-value à la somme la plus haute que les parties ont pu prévoir lors du contrat? M. Duranton, M. Troplong et les annotateurs de M. Zacharie[1], pensent que l'art. 1633 ne permet pas d'adopter ce tempérament; au contraire, MM. Duvergier et Marcadé[2] pensent qu'on doit encore l'admettre, et je crois que c'est avec raison. En effet, l'art. 1369 renvoie pour les dommages-intérêts aux règles générales établies au titre des obligations, et l'art. 1150, à ce dernier titre, pose en principe que les dommages-intérêts ne doivent pas aller au delà de ce que les parties ont pu prévoir lors du contrat. C'est un principe fondamental qui ne peut recevoir de dérogation que par une disposition expresse : or l'art. 1633 n'implique pas nécessairement cette dérogation. Il s'explique suffisamment et très-naturellement comme statuant sur le *plerumque fit*. On ne doit donc pas y voir une exception aux règles générales, ni une innovation que ses termes n'imposent pas, surtout quand les travaux préparatoires nous montrent que les rédacteurs ont voulu rester fidèles aux principes anciens.

Précisément parce que les dommages-intérêts ne doivent pas dépasser ceux que les parties ont pu prévoir lors du contrat, le vendeur n'est ordinairement tenu que du préjudice souffert par l'acheteur *propter rem ipsam*, et il ne répond pas du préjudice que

---

[1] Duranton, n° 295; Troplong, 507; Zacharie, l. 2, p. 521.
[2] Duvergier, 369; Marcadé, sur l'art. 1635.

l'acheteur a pu également souffrir dans ses autres affaires. Dans une vente, en effet, les parties n'envisagent, en général, que la chose même qui est vendue, et elles ne peuvent pas prévoir une infinité d'autres dommages que l'acheteur peut éprouver, par suite de l'éviction. Par exemple, si j'ai établi une auberge dans la maison que vous m'avez vendue, je ne pourrai pas répéter contre vous la perte que me cause l'éviction, dans mon commerce d'aubergiste, parce que vous n'avez pas pu prévoir que je ferais une auberge de la maison vendue.

D'après cela, on comprend que si, en général, le vendeur n'est pas tenu des dommages soufferts par l'acheteur *extrinsecus* et dans ses autres biens, il en est autrement pour les dommages de ce genre qui ont pu être prévus lors du contrat. Ainsi, dans l'espèce que nous venons de supposer, si vous avez su que j'achetais votre maison pour en faire une auberge, vous avez pu prévoir que l'éviction me causerait un préjudice dans mon commerce, et, dès lors, vous êtes obligé de m'en indemniser aussi bien que de celui que j'éprouve *propter rem ipsam*[1].

Jusqu'ici, nous avons toujours supposé le vendeur de bonne foi. Parlons maintenant des dommages-intérêts dus par le vendeur de mauvaise foi. Leur étendue est bien différente, parce que l'obligation, dans les deux cas, n'a pas la même source. L'obligation du vendeur de bonne foi repose uniquement sur

---

[1] Pothier, nᵒˢ 136 et 138.

le contrat, c'est-à-dire sur son consentement, et elle
ne peut pas, en conséquence, s'étendre à des répara-
tions auxquelles il n'a pas consenti de se soumettre :
de là, la règle qu'il n'est pas tenu aux dommages-intérêts, qu'il n'a pas pu prévoir, car on ne s'oblige pas
à une chose à laquelle on n'a pas pu songer. Au contraire, l'obligation du vendeur de mauvaise foi prend
sa source, non plus dans sa volonté, mais dans son
dol, qui l'oblige malgré lui à réparer tout le tort
causé. Dès lors, il n'y a plus à distinguer entre les
dommages prévus et ceux qui ne l'ont pas été. Il en
résulte : 1° que le vendeur de mauvaise foi est tenu
de rembourser à l'acheteur, « toutes les dépenses,
« même voluptuaires ou d'agrément, que celui-ci
« aura faites au fonds » (art. 1635); 2° qu'il doit
toujours indemniser l'acheteur des dommages qu'il
a soufferts *extrinsecus*, à la seule condition qu'ils
soient une suite immédiate et directe de l'éviction.

§ III.—Recours en cas d'éviction partielle.

Nous savons qu'en droit romain on distinguait,
dans l'action *ex stipulatu*, deux sortes d'éviction partielle : l'éviction d'une partie indivise, *pars pro indiviso*, comme un tiers, un quart, et l'éviction d'une
partie divise et déterminée, *pars pro diviso*, comme
les deux arpents du côté du nord. Au premier cas,
il n'y avait pas d'estimation à faire, l'acheteur répé-
tait un tiers, un quart de la somme stipulée, suivant
la partie évincée; son recours s'exerçait *pro quantitate*

evictæ partis. Au second cas, au contraire, il y avait
une estimation à faire, une ventilation qui détermi-
nait pour combien la région évincée était entrée dans
le prix ; il fallait nécessairement alors tenir compte
de la qualité, et le recours s'effectuait *pro bonitate
loci*[1].

Dumoulin et Pothier faisaient la même distinction
pour le premier chef de l'action en garantie, c'est-à-
dire pour la restitution du prix. Dans leur doctrine
aussi, le prix est répété en cas d'éviction d'une partie
indivise, *pro quantitate evictæ partis*; en cas d'éviction
d'une partie divise, *pro bonitate loci*. Dans ce dernier
cas, on faisait une ventilation en se reportant à l'état
du fonds lors de la vente. C'était seulement quand il
y avait lieu au second chef de l'action et pour fixer
les dommages-intérêts dus à l'acheteur, qu'on esti-
mait la chose vendue suivant son état et sa valeur au
moment de l'éviction.

Aujourd'hui l'article 1637 règle le recours, en cas
d'éviction partielle, d'une manière toute différente.
« La valeur de la partie dont l'acquéreur se trouve
« évincé, dit cet article, lui est remboursée suivant
« l'estimation à l'époque de l'éviction, et non propor-
« tionnellement au prix total de la vente, soit que la
« chose vendue ait augmenté ou diminué de valeur.»

D'après cet article, le premier chef de l'action en
garantie, la restitution du prix, disparaît complète-
ment dans l'éviction partielle. L'action n'a plus alors

____

[1] V. *suprà*, page 91.

qu'un seul chef, les dommages-intérêts, comme l'action *ex empto* du droit romain. Ainsi, l'acheteur ne répète plus une partie proportionnelle du prix, et des dommages-intérêts en sus, s'il souffre un préjudice supérieur. Il demande toujours et uniquement la valeur de la partie évincée au temps de l'éviction. Si elle est supérieure à la part proportionnelle du prix, il en profite; si elle est inférieure, il se trouve en perte de la différence, mais il ne peut pas réclamer plus.

MM. Delvincourt et Duranton ont pensé qu'il fallait continuer d'appliquer l'ancienne règle à l'éviction d'une partie *pro indiviso*. Selon eux, ce n'est pas l'art. 1637, mais l'art. 1631 qui doit être appliqué à cette espèce d'éviction, parce qu'il y a « même raison « de décider pour la partie que pour le tout[1]. » Mais cette opinion est généralement repoussée, comme directement contraire aux termes de l'article 1637. Ici nous trouvons une règle nouvelle formulée d'une manière trop précise pour qu'il soit possible de la rejeter. Personne ne peut douter, par exemple, que le recours de l'acheteur, dans le cas d'éviction d'une partie divise, ne soit borné uniquement à la valeur de la région évincée, au temps de l'éviction, quand bien même elle serait inférieure à la portion correspondante du prix. Sur ce premier point, l'innovation de notre article est incontestable : elle ne l'est pas moins pour le cas d'éviction d'une partie *pro indiviso*, car les termes de l'article sont absolus et ne font au-

---

[1] Duranton, n° 300.—Delvincourt, t. 3, p. 149.

cune distinction. Bien plus, ils semblent s'appliquer tout particulièrement à ce dernier cas. En effet l'article fixe invariablement le recours à la valeur au temps de l'éviction, « soit que *la chose vendue* ait « augmenté ou diminué de valeur. » N'est-il pas clair qu'il suppose une éviction *pro indiviso*, une éviction qui a porté sur le tout, sur *la chose vendue* tout entière? S'il n'avait voulu parler que de l'éviction d'une région déterminée, son langage serait bien peu précis, car il aurait dû dire : « soit que la partie évin-« cée ait augmenté ou diminué de valeur. » En effet si je suis évincé d'un pré ou d'une vigne dépendant de la ferme que vous m'avez vendue, ce pré ou cette vigne peuvent avoir diminué de valeur, tandis que le surplus a augmenté, ou *vice versâ*.

Ainsi il faut accepter l'article 1637 dans toute son étendue, bien qu'il soit en contradiction avec le principe fondamental de l'article 1631, sans qu'on en trouve de bonne raison, en ce qui concerne l'éviction *pro indiviso*. Il s'explique et se justifie au contraire suffisamment pour le cas d'éviction d'une partie divise. L'ancien système rendait nécessaire une ventilation difficile à faire, quand l'éviction survient après un long temps, et quand la chose vendue présente un changement d'état considérable. On comprend alors que les rédacteurs du Code aient voulu écarter une difficulté, qui pouvait entraîner des contestations et des lenteurs, qu'il est bon de prévenir.

Il est un cas cependant où la nécessité de cette ventilation se présentera encore de nos jours : c'est

lorsque l'acheteur n'est garant que jusqu'à concurrence du prix seulement. Si, au temps de l'éviction,
la région évincée se trouve d'une valeur supérieure à
la portion pour laquelle elle est entrée dans le prix, il
serait contraire aux art. 1627-1629 d'obliger le vendeur à payer l'estimation qui serait faite à cette
époque, et qui comprendrait la plus-value. Il faut donc
alors se reporter forcément au temps de la vente, et
déterminer par ventilation la portion du prix afférente à la région évincée, car il n'y a pas d'autre
moyen de fixer, en pareil cas, le *quantum* du recours
de l'acheteur.

Dans la doctrine de Dumoulin et de Pothier, il fallait distinguer de l'éviction d'une partie homogène
ou intégrante, d'autres évictions qui ne donnaient
pas lieu, comme elle, au premier chef de l'action :
c'était l'éviction d'une partie hétérogène, ou de ce
qui reste, après la perte de la chose, ou de ce qui en
est provenu, comme la peau, ou le croît d'un animal
vendu. Ces différentes évictions ne donnaient lieu
qu'au second chef de l'action, et les dommages-intérêts étaient fixés suivant la valeur de ces choses, au
temps de l'éviction. On voit qu'il n'y a plus à les distinguer de l'éviction partielle, aujourd'hui que celle-
ci ne comprend plus la répétition du prix. Tous ces
cas sont uniformément réglés par l'art. 1637.

Outre l'estimation de ce qui a été évincé, le vendeur pourra être condamné, suivant les distinctions
que nous avons établies pour l'éviction totale, à
payer les dommages-intérêts soufferts par l'acheteur

extrinsecus et dans ses autres biens. Il devra également lui restituer une partie proportionnelle des frais occasionnés par la vente, et supporter en totalité les frais de la demande originaire et de la demande en garantie.

Le Code ne parle pas du cas où l'acheteur se trouve privé de l'usufruit seulement; mais il me semble que nous devons sans difficulté l'assimiler à une éviction partielle, comme on le faisait en droit romain, même pour l'action *ex stipulatu*[1]. L'usufruit est un droit trop important pour être traité comme une simple charge réelle, dont l'exercice au préjudice du vendeur donne lieu seulement à une action *quanti minoris*. On doit donc, par application de l'art. 1637, estimer la valeur de l'usufruit au temps de l'éviction et condamner le vendeur à la rembourser à l'acheteur, ou mieux peut-être à lui payer annuellement, pendant toute la durée de l'usufruit, une somme équivalente au produit du fonds.

Mais l'usufruit doit, au contraire, être assimilé à une charge, en ce qui concerne la déclaration qui en est faite par le vendeur à l'acheteur. Quand le vendeur déclare que l'usufruit ne lui appartient pas, l'objet de la vente se réduit à la nu-propriété, et l'acheteur, obligé de souffrir la jouissance de l'usufruitier, ne peut réclamer aucune portion du prix qu'il a payé[2], de même qu'il doit supporter sans recours l'exercice d'une servitude qui lui a été déclarée. En

---

1-2 V. *suprà*, pages 61 et 91.

ce sens l'usufruit doit être traité comme une charge ; il ne peut pas être assimilé, sur ce point, à une partie matérielle de la chose, dont l'éviction donne lieu à une répétition proportionnelle du prix, bien que le vendeur en ait déclaré la cause.

Il nous reste à faire observer avec l'art. 1636 que l'éviction partielle peut autoriser l'acheteur à faire résilier la vente, si la partie évincée est d'une telle importance relativement au tout que, sans elle, il n'aurait pas acheté : il est trop juste, en effet, que l'acheteur puisse se faire délier de son obligation, en ce qui concerne le surplus, alors que ce qui lui reste ne peut plus remplir le but qu'il se proposait en achetant.

§ IV.—*Recours en cas d'éviction sur un successeur particulier de l'acheteur.*

Quand l'éviction a été soufferte par un successeur particulier de l'acheteur, auquel celui-ci devait garantie, le vendeur doit être condamné :

1° A la restitution du prix de vente, en vertu du premier chef de l'action en garantie ;

2° A rembourser à l'acheteur tout ce que celui-ci a été obligé de payer à son successeur évincé, en sus de ce même prix de vente ;

3° A lui rembourser également les frais et loyaux coûts du contrat, les frais de la demande originaire et ceux des deux recours en garantie.

Ces deux derniers articles forment les dommages-intérêts compris dans le second chef de l'action et complètent le recours de l'acheteur. Par ce moyen, il est rendu parfaitement indemne des suites de l'éviction soufferte par son successeur.

Il peut arriver que le prix de vente soit supérieur à tout ce que l'acheteur a déboursé en indemnités pour son successeur et en frais : pourra-t-il néanmoins le répéter tout entier? Pothier ne s'explique pas très-affirmativement sur ce point ; il se borne à dire : « Il paraît que, suivant les principes de Du- « moulin, le vendeur doit rendre la somme entière[1], » c'est-à-dire le prix entier. Peut-être Pothier éprouvait-il quelque hésitation, parce qu'il devient plus évident encore dans ce cas que dans les autres, que le recours de l'acheteur dépasse son intérêt ; et cela peut paraître d'autant moins régulier ici que ce n'est pas lui-même qui est évincé. Il est de principe que l'éviction soufferte par un ayant cause de l'acheteur ne donne action à celui-ci que lorsqu'il a intérêt à ce que l'éviction n'ait pas lieu. En se fondant sur cette idée, on pourrait peut-être soutenir que l'intérêt de l'acheteur, qui peut seul donner ouverture à l'action, doit aussi en déterminer l'étendue. On arriverait ainsi à borner le recours en garantie de l'acheteur à la somme qu'il aurait lui-même déboursée comme garant, et qui représente bien réellement tout l'intérêt qu'il avait à ce que l'éviction n'ait pas lieu.

---

[1] Pothier, n° 147.

Mais je crois cependant qu'il ne faut pas admettre cette idée, et que l'acheteur a droit à la répétition totale du prix, bien qu'il n'ait payé qu'une somme moindre à son successeur évincé. C'est là une conséquence forcée du principe que la restitution du prix est toujours due, en vertu de ce premier chef de l'action en garantie, toujours exigible et toujours invariable, *caput perpetuum*. Ainsi, le Code ayant adopté ce principe, sans aucune restriction, dans les art. 1630 et 1631, l'acheteur doit pouvoir, même dans ce cas, répéter la totalité du prix.

Nous avons décidé plus haut que le successeur évincé peut exercer directement son recours en garantie contre le premier vendeur. Supposons une première vente faite moyennant 10,000 fr., une seconde moyennant 6,000 fr. seulement, auxquels il faut ajouter 2,000 fr. dus au second acheteur évincé, à titre de dommages-intérêts. Cet acheteur, en s'adressant à son auteur immédiat, ne peut lui demander que 8,000 fr. Mais il peut aussi exercer l'action de cet auteur contre le premier vendeur : pourra-t-il par cette action répéter les 10,000 fr., prix de la première vente? Suivant Pothier, « on « pourrait le soutenir[1]. » Cette opinion a été repoussée avec raison par un arrêt de la cour de Bourges et par un arrêt de la Cour de cassation[2]. Elle est également combattue par M. Troplong et par M. Marcadé[3]. Mais

---

[1] Pothier, n° 148.

[2] Bourges, 5 avril 1821 ; Rejet, 5 février 1845 (Dalloz, 23, ?, 44-45, 1, 153).

[3] Marcadé, art. 1675, III.

M. Troplong appuie sa décision sur des motifs qui semblent bien peu solides et qui de plus le mettent complétement en contradiction avec lui-même. En effet le point de départ du savant jurisconsulte consiste à nier que la vente ait eu pour effet de transmettre au second acheteur l'action en garantie de son vendeur, transmission pourtant qu'il a non-seulement reconnue, mais établie précédemment[1]. Il n'est pas nécessaire de nier le droit du second acheteur à l'exercice de l'action de son vendeur : cela serait, du reste, fort difficile, car c'est un point qui paraît certain et qui est reconnu par tous depuis Domat et Pothier. Mais il n'en résulte pas que le second acheteur en ait l'exercice illimité. En effet, il n'est pas cessionnaire de l'action en garantie, il est seulement créancier du vendeur, subrogé dans les droits de celui-ci jusqu'à concurrence de son intérêt personnel à agir. Il n'a pas acheté l'action ; elle ne passe sur sa tête que comme un accessoire de la chose vendue, un droit secondaire destiné à affermir et à compléter le droit principal, mais qui ne peut pas être plus important que lui. Le second acheteur puise son droit à l'action dans son contrat de vente, et non pas dans le contrat de vente primitif auquel il est étranger. C'est donc la dernière vente et non pas la première qui doit servir de mesure à cette action, quand elle est exercée par lui. Et par conséquent il ne peut rien répéter contre le vendeur primitif au delà de ce qu'il pourrait demander à son vendeur immédiat.

[1] Troplong, 496 et 497. *Obst.* 437.

CHAPITRE VII.

Garantie des charges réelles.

En droit romain le vendeur ne devait pas en principe garantie des charges; seulement il était tenu de déclarer celles qui, à sa connaissance, pesaient sur l'objet vendu : sa dissimulation à cet égard était un dol qui donnait lieu à l'action *ex empto*. Ainsi, quand le fonds devait une servitude ou quand il était grevé d'un tribut, d'une redevance au profit d'un municipe ou d'une prestation annuelle pour l'entretien d'un aqueduc, l'acheteur qui n'avait pas été averti de l'existence de ces charges, et qui ne les avait pas connues d'une autre manière, pouvait agir en dommages-intérêts contre son vendeur. Si une charge était prétendue sur un fonds vendu comme libre de toute charge, le vendeur était également tenu de l'action *ex empto*, pour n'avoir pas fourni le fonds avec la qualité et dans les conditions qu'il avait garanties, et en outre de l'action *quanti minoris*, en vertu de l'Edit des Ediles, pour avoir fait une déclaration contraire au véritable état du fonds.

Notre ancienne jurisprudence a retenu les mêmes principes : seulement tout vendeur était censé connaître les charges qui grevaient son fonds, et, à l'inverse, tout acheteur était censé connaître les charges de droit commun, comme la dîme, les tailles, les redevances

seigneuriales, et les charges visibles, comme les servitudes apparentes.

De là cette règle que le vendeur est obligé à la garantie des charges réelles occultes, qu'il n'a pas déclarées.

L'éviction et l'existence d'une charge occulte sont
deux choses différentes qui ne doivent pas être con-
fondues; nos anciens jurisconsultes les distinguaient
avec soin. L'éviction dépossède l'acheteur, lui enlève
tout ou partie de la chose vendue; au contraire
l'existence d'une charge lui laisse la chose entière;
elle ne lui en enlève aucune partie, seulement elle
diminue sa jouissance, elle la gêne, elle la rend
moins utile. Aussi Domat qualifie seulement de *trouble* la prétention d'un tiers à une charge sur le fonds;
il se garde bien de lui donner le nom d'éviction, qu'il
applique uniquement à la dépossession totale ou partielle de la chose [1]. Pothier distinguait parfaitement
aussi la garantie qui s'attache à ces deux faits; il en
explique les règles dans deux sections séparées, et
il nous présente naturellement la garantie des charges comme munie de son action particulière. « Cette
« action, dit-il, est une branche de l'action person-
« nelle *ex empto*, de même que l'action en garantie
« en cas d'éviction [2]. Ces deux actions sont donc
deux branches différentes de l'action *ex empto*,
l'une ayant, dans notre droit français, deux chefs, la
restitution du prix et les dommages-intérêts, l'autre
ayant un chef unique, la répétition par l'acheteur, à

---

1 Domat, *Lois civiles*, *Vente*, sect. x, n° 2.
2 Pothier, n° 204.

titré de dommages-intérêts, de tout ce qu'il aurait acheté de moins s'il avait connu l'existence de la charge.

J'ai cru devoir faire précéder, de ce court exposé des principes anciens, l'examen des dispositions du Code sur cette matière, parce que ces principes sont nécessaires pour en donner la saine intelligence, et qu'ils prémunissent contre les confusions dans lesquelles sont tombés, à ce qu'il me semble, les auteurs qui ont écrit de nos jours.

Suivant l'article 1626, « Le vendeur est obligé de « droit à garantir l'acquéreur de l'éviction qu'il « souffre dans la totalité ou partie de l'objet vendu, « *ou des charges prétendues sur cet objet, et non décla-* « *rées lors de la vente.* »

Cet article a le double tort de comprendre dans une même disposition deux choses différentes : la garantie de l'éviction, et la garantie des charges non déclarées, et de placer cette disposition en tête de règles qui s'appliquent uniquement à la première : la garantie de l'éviction.

Il faut soigneusement isoler le dernier paragraphe de l'article 1626 de la première partie de cet article, ainsi que des articles qui le suivent, puis combiner notre paragraphe avec l'article 1638, qui exclut la garantie quand les charges sont apparentes. De cette façon nous retrouvons, sans changement aucun, ces deux règles de notre ancien droit : 1° le vendeur est garant des charges réelles occultes; 2° la garantie cesse quand il les a déclarées.

La déclaration fait cesser la garantie, c'est-à-dire, qu'elle met le vendeur complétement à l'abri de tout recours. L'action en garantie des charges n'a pas deux chefs comme l'action en éviction ; il n'y a donc pas à distinguer entre la restitution du prix et les dommages-intérêts, et la déclaration des charges qui grèvent le fonds détruit tout à fait la garantie, comme cela avait lieu en droit romain et dans notre ancienne jurisprudence. Il faut assimiler à la déclaration du vendeur, la connaissance que l'acheteur aurait eue autrement de l'existence des charges ; l'acheteur ne peut pas se plaindre quand il n'a pas été trompé, peu importe donc la manière dont il s'est trouvé instruit que le fonds était grevé : *Non videtur esse celatus qui scit, neque certiorari debuit qui non ignoravit*[1]. Si le vendeur ne garantit pas les charges apparentes, à plus forte raison ne doit-il pas garantir les charges connues, même quand il ne les aurait pas déclarées.

Jusqu'ici je n'ai pas défini ce qu'il faut entendre par charges, mais les développements dans lesquels je suis entré sur les anciens principes l'ont fait suffisamment comprendre. C'est tout droit dont l'acheteur est tenu de souffrir l'exercice sur l'objet vendu, et qui amoindrit ou gêne sa jouissance, tout en lui laissant la possession complète de la chose. Autrefois les droits de cette sorte étaient nombreux ; on peut citer pour exemple les rentes foncières, les redevances

---

[1] L. 1, § 1, *de Act. empt.*

seigneuriales, dans les pays où était établie la maxime : « Nul seigneur sans titre, » les redevances qui n'étaient pas de droit commun, dans les pays régis par la maxime contraire, les droits de champart et autres semblables. Aujourd'hui que tous ces droits que je viens d'énumérer n'existent plus, je ne vois guère de charges donnant lieu à la garantie, que les servitudes passives et les droits d'usage, notamment dans les forêts. Voilà donc à quoi se réduit l'application du dernier paragraphe de l'art. 1626, et la garantie qu'il impose au vendeur pour les charges non déclarées.

Mais les auteurs qui ont écrit depuis le Code, ou au moins plusieurs d'entre eux, ne l'ont pas ainsi entendu. Trompés par la réunion, dans le même article, de deux sortes de garanties différentes, ils ont appliqué l'expression de charges, non-seulement aux droits dont je viens de parler, mais aux causes mêmes qui peuvent produire l'éviction, comme les hypothèques. Cette confusion a eu pour résultat de faire exagérer par les uns l'effet de la déclaration en ce qui concerne l'éviction, de la faire méconnaître par les autres en ce qui concerne les charges, et enfin de faire appliquer à tort, par plusieurs, les règles de l'action en éviction à l'action en garantie des charges.

Ainsi, M. Duranton, regardant les hypothèques comme des charges, est fort logiquement conduit à décider que, lorsqu'elles ont été déclarées, toute garantie disparaît, même quant à la restitution du prix : « Si les hypothèques avaient été déclarées, dit-il, la

« garantie ne serait pas due. Cela résulte de l'article
« 1626, qui, en soumettant le vendeur à la garantie
« des *charges* qui affectent la chose, ajoute et *non dé-*
« *clarées lors de la vente :* donc si elles ont été décla-
« rées, la garantie n'est pas due et les *hypothèques*
« sont évidemment des *charges* [1]. » C'est dans cette
dernière proposition que se trouve l'erreur du savant
professeur : non, les hypothèques ne sont pas des
charges, les hypothèques constituent un danger d'é-
viction ; elles peuvent amener la dépossession totale
ou partielle de l'acheteur ; donc elles ne sont pas comprises parmi ces droits qui, sans toucher à la propriété
de la chose vendue, diminuent le droit de l'acheteur [2]
et gênent sa jouissance. Or, ce sont les seules qu'on
doive qualifier de charges. Je crois l'avoir établi plusieurs fois, et l'on n'a qu'à ouvrir Pothier pour s'en
convaincre [3]. Il ne faut donc pas appliquer le dernier
paragraphe de l'article 1226 aux droits qui peuvent
amener un jour l'éviction.

M. Troplong regarde aussi les hypothèques comme
des charges, dans le sens du dernier paragraphe de
l'article 1626, qu'il invoque comme s'appliquant à
elles. Cela le conduit à donner à la déclaration de
l'hypothèque, par le vendeur, plus d'effet qu'il n'en
accorde à la connaissance que l'acheteur en aurait
eue, d'une autre manière. M. Troplong veut que cette

1 Duranton, n° 261.
2 Domat, *loc. cit.*
3 Pothier, 193 et suiv.

déclaration puisse libérer le vendeur de l'obligation des dommages-intérêts, bien que l'hypothèque soit attachée à une créance dont il est personnellement débiteur. Il s'agit pourtant dans ce cas, selon nous, du fait personnel du vendeur, dont il reste toujours garant, malgré toute clause contraire ; aussi M. Troplong n'admet pas que la simple connaissance de l'hypothèque, par l'acheteur, puisse modifier la garantie ; mais il en est autrement, d'après lui, si l'hypothèque a été expressément *déclarée*, et c'est alors qu'il invoque le dernier paragraphe de l'article 1226 [3].

Au contraire, M. Marcadé [4], toujours par suite de la même confusion, est entraîné à nier l'effet radical de la déclaration des charges. « Il est clair, dit-il, que « la simple déclaration *d'une charge* ne saurait avoir « plus d'effet que la stipulation formelle de non-ga- « rantie. » Si M. Marcadé n'applique sa proposition qu'aux hypothèques, c'est-à-dire à une cause d'éviction, il est dans le vrai ; il parle seulement un langage impropre : mais s'il y comprend les droits qui doivent seuls être qualifiés *charges*, il est évidemment dans l'erreur, car la déclaration d'une charge affranchit le vendeur de tout recours, tandis que la clause de non-garantie de l'éviction laisse subsister l'obligation de restituer le prix.

Les parties peuvent augmenter l'étendue de la garantie des charges ou, au contraire, la diminuer, si

---

[1] Troplong, n⁰ˢ 448, 477, 426 *in fine*, note
[2] Marcadé sur l'art. 1629, vi.

bon leur semble. Ainsi l'acheteur peut se faire promettre la garantie des servitudes apparentes, et, à l'inverse, le vendeur peut stipuler la non-garantie des servitudes occultes. Mais les clauses dérogatoires ne sont valables qu'autant qu'elles ont été proposées de bonne foi par le vendeur (art. 1643) ; je renvoie, à cet égard, aux explications que j'ai données à propos des clauses qui dérogent à la garantie de l'éviction. Il faut aussi, pour exclure la garantie, que la volonté des parties soit exprimée d'une manière claire, certaine et précise ; il ne suffirait pas d'une clause banale et purement de style comme celle-ci. « L'ac-
« quéreur jouira des servitudes actives, et souffrira
« les servitudes passives, occultes ou apparentes,
« sauf à faire valoir les unes et à se défendre des
« autres, à ses risques et périls et sans aucun re-
« cours. » Cette clause n'empêcherait pas l'acheteur d'avoir droit à une indemnité : c'est ce qui a été jugé par la cour d'Orléans [1].

Voyons maintenant quel est l'objet du recours de l'acheteur obligé de souffrir une charge réelle non déclarée. On retrouve encore ici les conséquences de cette confusion, que j'ai combattue, entre la garantie de l'éviction et la garantie des charges. M. Duvergier ne voit qu'une seule et même chose dans ces deux garanties, et, pour lui, le trouble résultant de l'exercice d'une charge non déclarée, est « une éviction

[1] Orléans, 11 nov. 1842 ; Dalloz, 1844, 2, 11.

« partielle, » à laquelle il applique la règle de l'art. 1637 [1].

M. Troplong [2] divise le recours de l'acheteur en deux chefs, comme en cas d'éviction totale ; le premier n'est autre que l'action *quanti minoris*, le second est une action en dommages-intérêts : seulement M. Troplong n'accorde ce second chef que contre le vendeur de mauvaise foi ; encore, ce vendeur, en stipulant la non-garantie, pourrait s'en affranchir ; de sorte qu'il pourrait par un second dol, une clause déloyale, effacer les conséquences de son premier dol : la dissimulation d'une charge connue.

Cette théorie me paraît tout à fait inadmissible. L'action en garantie des charges n'a certainement qu'un seul chef. Seulement cette action peut être, non pas l'action donnée en cas d'éviction partielle comme le dit M. Duvergier, mais une autre branche de l'action *ex empto* conduisant au même résultat : la répétition du dommage causé par la charge reclamée, eu égard à la valeur du fonds lors de la réclamation ; ou bien encore elle peut être une action *quanti minoris* ayant pour objet la répétition d'une partie du prix, et pour laquelle on doit se référer par conséquent à l'état et à la valeur du fonds à l'époque de la vente. En droit romain l'acheteur avait tantôt l'action *ex empto*, tantôt le choix entr'elle et l'action *quanti minoris*, en vertu de l'Edit des Édiles. C'est

---

[1] Duvergier, 381.
[2] Troplong, nos 528 et 533.

cette dernière action qui a été adoptée et appliquée à tous les cas par notre ancienne jurisprudence. Les charges y étaient traitées comme les vices de la chose et donnaient lieu à l'action *quanti minoris* et à l'action rédhibitoire [1]. C'est aussi le système qui a été adopté par les rédacteurs du Code, qui n'ont entendu que « rappeler » les règles anciennes. Le Code s'approprie par une disposition expresse l'action rédhibitoire de l'Edit des Édiles et de l'ancienne jurisprudence, comment admettre qu'il ne complète pas le système en prenant aussi aux législations précédentes l'action *quanti minoris?* Du reste, en accordant à l'acheteur l'action rédhibitoire, dans certains cas, rien n'est plus raisonnable que de restreindre son action dans les autres cas à ce qu'il aurait payé de moins, s'il avait connu la charge réclamée. C'est juste la mesure du tort qui lui est causé; car, du moment qu'on reconnaît qu'il aurait acheté avec une simple différence de prix, c'est cette différence seule qui constitue la perte qu'il souffre, et non pas le dommage plus grand qui peut résulter de l'exercice de la charge au moment où elle elle est réclamée.

L'action en rédhibition dont je viens de parler est accordée à l'acheteur par l'article 1638 : « Si l'hé-
« ritage vendu, dit cet article, se trouve grevé, sans
« qu'il en ait été fait déclaration, de servitudes non
« apparentes, et qu'elles soient de telle importance
« qu'il y ait lieu de présumer que l'acquéreur n'au-

---

[1] Pothier, n° 204.—Domat, *Lois civiles, Vente*, section XI, n°s 12 et 13.

« rait pas acheté s'il en avait été instruit, il peut
« demander la résiliation du contrat, si mieux il
« n'aime se contenter d'une indemnité. »

Les termes de l'article 1638 ne comprennent
pas le cas où le vendeur aurait garanti l'existence de
servitudes actives ; mais il est évident qu'il serait
tenu d'indemniser l'acheteur, si l'exercice de ces
servitudes venait à lui être contesté.

Je pense même que, dans certains cas, il n'est pas
absolument indispensable, pour que l'indemnité soit
due, que la garantie ait été expressément promise.
Une servitude active est une qualité du fonds, et il
se peut qu'elle ait été très-spécialement prise en considération dans l'accomplissement de la vente. S'il est
constant, en fait, qu'elle a été achetée avec le fonds,
d'après l'intention évidente des parties, il doit im-
porter peu que le contrat soit muet en ce qui la concerne. Le silence de l'écrit ne borne pas l'étendue
d'une convention ; c'est au juge à rechercher quelles
choses y ont été comprises dans l'esprit des parties.
Il me paraît évident que, lorsqu'il s'agit de servitudes
apparentes, qui augmentent dans une proportion
considérable l'utilité du fonds, l'acheteur a dû les
comprendre dans son acquisition. Par exemple, le
vendeur exerçait au moment du contrat une servitude de jour, au moyen de laquelle s'éclairaient une
ou plusieurs pièces de la maison vendue ; ou bien
encore, c'est une servitude de prise d'eau ayant pour
but, soit de fournir un accroissement indispensable
au cours d'eau qui fait mouvoir une usine, soit d'as-

surer l'irrigation d'une prairie, qui, sans elle, deviendrait tout à fait improductive. Dans tous ces cas, l'acheteur a nécessairement entendu acheter non seulement le fonds, mais encore la servitude elle-même; il doit, en conséquence, être indemnisé par le vendeur, si elle vient à lui être enlevée, d'autant plus que la suppression de la servitude peut changer non-seulement l'état, mais quelquefois la nature elle-même du fonds vendu. J'écarte même la question de mauvaise foi du vendeur, car je crois que sa mauvaise foi pourrait l'obliger envers l'acheteur dans bien des cas, et quand bien même la servitude serait d'une importance beaucoup moindre. En effet, l'acheteur, en visitant le fonds, doit croire à l'existence d'une servitude dont l'exercice est apparent; le vendeur, s'il sait que la servitude n'est pas due, est obligé de le tirer de l'erreur que lui-même a fait naître, en lui offrant le fonds avec les apparences d'un droit qui n'existait pas. S'il garde le silence, s'il dissimule pour arriver à obtenir un prix un peu plus élevé, il commet un dol qui pourra le faire condamner à une indemnité envers l'acheteur, et cela quand bien même la servitude ne serait pas pour le fonds vendu un accessoire en quelque sorte essentiel, comme nous le supposions en premier lieu.

L'acheteur a naturellement droit aux servitudes actives qui existent réellement au profit du fonds vendu, et le vendeur est tenu de lui fournir les titres et renseignements nécessaires pour lui en assurer et lui en faciliter l'exercice. Aussi la loi 66, § 1, *de Con-*

trah. empt., décidait que si le vendeur n'avait pas averti l'acheteur de l'existence d'une servitude, et si celui-ci, faute de la connaître, l'avait laissé s'éteindre par non-usage, il pouvait s'en faire indemniser. M. Duvergier [1] pense que cette décision doit encore être suivie dans notre droit, mais il en exagère l'étendue en l'appliquant au silence du vendeur, alors même qu'il ne constituerait qu'un simple défaut de soin, et une simple imprévoyance. La loi romaine ne rendait, au contraire, l'acheteur responsable, que s'il avait dissimulé sciemment l'existence de la servitude. Renfermée dans ces termes, la responsabilité du vendeur me paraît très-conforme aux principes. En cédant tous ses droits sans réserve, il s'oblige à fournir à l'acheteur, autant que cela lui est possible, tous les moyens de les faire valoir; s'il manque sciemment à cette obligation, et s'il cause ainsi à l'acheteur un préjudice qu'il avait prévu et qu'il pouvait empêcher, il est juste qu'il soit tenu de le réparer.

[1] Duvergier, n° 380 et la note.

POSITIONS.

DROIT ROMAIN

I. Le pacte spécial de non-garantie n'a pas plus d'effets que le pacte général : il n'enlève pas à l'acheteur le droit de répéter le prix.

II. L'acheteur de mauvaise foi peut également demander la restitution du prix.

III. L'action *ex empto* a pour unique objet la réparation du préjudice causé : l'acheteur ne peut pas réclamer le prix quand la valeur de la chose est moindre au temps de l'éviction.

IV. L'acheteur peut opposer l'exception de dol à la revendication des héritiers de la caution.

V. Il y a contradiction entre les deux décisions contenues dans le pr. de la loi *ex mille.*

DROIT FRANÇAIS

I. La déclaration du péril de l'éviction, faite par le vendeur, ne le libère pas de l'obligation de restituer le prix.

III. Le vendeur répond de l'éviction qui a eu lieu *per injuriam judicis* : il peut cependant critiquer le mérite d'une sentence rendue en premier ressort, quand l'acheteur n'a pas appelé.

III. L'action de garantie appartient à tout successeur particulier de l'acheteur.

IV. Elle est limitée entre les mains de ce successeur au montant des répétitions qu'il peut exercer contre son garant.

V. L'action et l'exception de garantie sont divisibles.

VI. En cas d'éviction d'un droit temporaire ou d'une chose dont l'existence est bornée, le prix ne peut pas être répété en totalité.

VII. En cas d'éviction partielle, l'action n'a plus qu'un seul chef.

VIII. Le vendeur de bonne foi ne peut pas être condamné pour toute la plus-value, quand elle s'élève à un chiffre qui dépasse tout ce qu'il a pu prévoir.

IX. Le recours en garantie de charges non déclarées a lieu par l'action *quanti minoris*.

DROIT ADMINISTRATIF.

La propriété des petites rivières appartient aux riverains.

DROIT CRIMINEL.

I. Quand la preuve d'un fait est soumise par la loi civile à certaines règles, elles sont obligatoires devant les tribunaux criminels aussi bien que devant les tribunaux civils.

II. Le fait de s'approprier un objet, trouvé sur la voie publique, n'est point un vol.

DROIT DES GENS.

Les tribunaux français n'ont le droit de reviser les jugements rendus par les tribunaux étrangers, que lorsqu'ils ont été rendus contre des Français.

HISTOIRE DU DROIT.

I. Les règles de la succession aux propres avaient une origine féodale.

II. La maxime : « Le mort saisit le vif » a une origine anti-féodale.

III. Le principe de l'annalité de la possession dans l'action possessoire avait un point de départ germanique ; on ne l'appliquait pas à la réintégrande.

Vu par le Président,

DE VALROGER.

Vu par le Doyen,

C. A. PELLAT.

Permis d'imprimer,
Le Vice-Recteur de l'Académie,

CAYX.

TABLE

Paris. — Imprimé chez Bonaventure et Ducessois,
55, quai des Grands-Augustins.